OCÉANO exprés

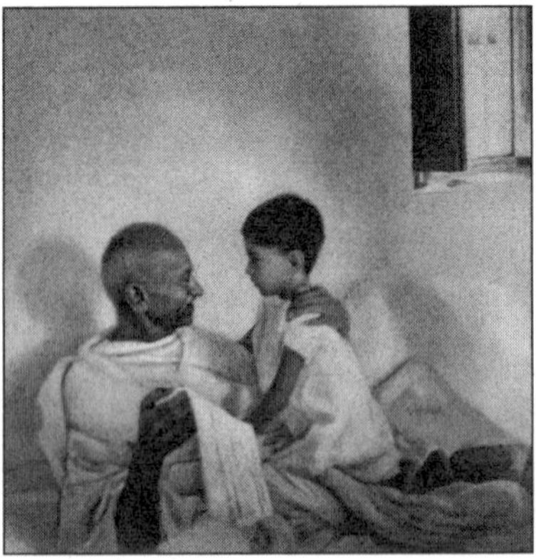

El don de la ira

Y OTRAS LECCIONES DE MI ABUELO, MAHATMA GANDHI

Arun Gandhi

exprés

EL DON DE LA IRA
Y otras lecciones de mi abuelo, Mahatma Gandhi

Título original: THE GIFT OF ANGER. And Other Lessons from my Grandfather Mahatma Gandhi

Traducción: Enrique Mercado

Diseño de portada: Black Kat Design
Fotografía de portada: cortesía del autor
Ilustración de portada: Alan Dingman
Fotografía del autor: © Dimitri Koutsomytis

D. R. © 2024, Editorial Océano de México, S.A. de C.V.
Guillermo Barroso 17-5, Col. Industrial Las Armas
Tlalnepantla de Baz, 54080, Estado de México
info@oceano.com.mx

Primera edición en Océano Exprés: septiembre, 2024

ISBN: 978-607-557-973-3

Impreso en México / Printed in Mexico

Dedico este libro a mis cuatro maravillosos nietos, Elizabeth (Ellie), Michael (Micah), Jonathan (Jonu) y Maya, y a todos los niños recién nacidos y aún por nacer en el mundo, quienes habrán de convertirse en el cambio que salvará del desastre a la humanidad

Índice

Prefacio

Las lecciones de mi abuelo

Íbamos a visitar al abuelo. Para mí, él no era el gran Mahatma Gandhi al que el mundo veneraba, sino simplemente "Bapuji", el abuelo bondadoso del que mis padres hablaban con frecuencia. Vivíamos en Sudáfrica, así que visitarlo en la India requería un viaje muy largo. Después de soportar, desde Mumbai, un trayecto de dieciséis horas en tren apretujados en un compartimiento de tercera clase que apestaba a cigarro, sudor y el humo del motor de vapor, todos estábamos exhaustos cuando el ferrocarril llegó entre resoplidos a la estación de Wardha. Escapar del polvillo del carbón, bajar al andén y respirar aire fresco nos brindó una sensación agradable.

Aunque apenas eran las nueve de la mañana, el sol quemaba ya. La estación se reducía a un andén y una oficina, pero mi papá encontró un maletero de larga camisa roja y taparrabos que nos ayudó con el equipaje y nos llevó hasta las calesas (llamadas *tongas* en la India). Papá subió en un coche a Ela, mi hermana, de seis años de edad, y me pidió que me sentara al lado de ella; mamá y él harían el recorrido a pie detrás de nosotros.

—Entonces yo caminaré también —dije.

—El camino es largo, quizá de trece kilómetros —señaló papá.

—¿Cuál es el problema? —insistí. Tenía doce años y quería parecer fuerte.

No pasó mucho tiempo antes de que lamentara mi decisión. Cada vez hacía más calor y el camino pavimentado se extendía apenas un kilómetro y medio desde la estación. Pronto estaba cansado, empapado en sudor y cubierto de polvo y mugre, pero sabía que para ese momento no podía subir a la calesa; entre nosotros imperaba la regla de que cada quien debía cumplir lo que decía. Si mi ego era más fuerte que mis piernas, de todas formas debía seguir adelante.

Por fin nos acercamos al *ashram* de Bapuji, llamado Sevagram. Luego de un extenso recorrido llegábamos a un lugar remoto, en el corazón más pobre de la India. Yo había oído hablar tanto del amor y la bondad que mi abuelo daba al mundo que creí que encontraría ahí flores y cascadas. Por el contrario, el lugar lucía feo, seco, polvoriento e insignificante, con unas cuantas chozas de adobe alrededor de un espacio común al aire libre. ¿Había venido desde tan lejos para arribar a un sitio árido y ordinario? Pensé que al menos seríamos recibidos con una fiesta, pero nadie prestaba atención a nuestra llegada. "¿Dónde están todos?", le pregunté a mi madre.

Nos dirigimos a una choza donde me bañé y me lavé la cara. Aunque había conocido a Bapuji a los cinco años, no recordaba esa visita y nuestro segundo encuentro me ponía un poco nervioso. Mis padres nos habían dicho que debíamos comportarnos cuando saludáramos al abuelo, porque era un hombre importante. Aun en Sudáfrica, yo oía que la gente hablaba de él con veneración, así que supuse que en alguna parte de ese ashram debía estar la mansión donde él vivía, rodeado de asistentes.

Me sorprendió que entráramos en cambio a otra choza y cruzáramos un patio con piso de tierra hasta llegar a una habitación de no más de doce metros cuadrados. Ahí estaba Bapuji, acuclillado en una esquina sobre una colchoneta de algodón.

Más tarde supe que incluso los jefes de Estado que visitaban al gran Gandhi se acuclillaban en esteras junto a él para consultarlo. Bapuji nos dirigió esta vez su bella y desdentada sonrisa y nos hizo señas para que nos acercáramos.

Al igual que nuestros padres, mi hermana y yo nos inclinamos a sus pies, a la tradicional manera india en muestra de obediencia. A él no le agradaban esas cosas y nos jaló al instante para darnos afectuosos abrazos. Nos besó en ambas mejillas y Ela gritó de deleite y sorpresa.

—¿Qué tal estuvo el viaje? —preguntó él.

Yo estaba tan impresionado que balbuceé:

—¡Vine caminando desde la estación, Bapuji!

Él rio y percibí un destello en sus ojos.

—¿De veras? ¡Te felicito! —y me plantó más besos en las mejillas.

Sentí de inmediato su amor incondicional y ésa fue toda la satisfacción que necesitaba.

Pero habría muchas más.

Mis padres y Ela se quedaron unos días en el ashram antes de ir a visitar a la numerosa familia de mi madre en otras regiones de la India. En cambio, yo viviría y viajaría con Bapuji los dos años siguientes, mientras pasaba de ser un niño ingenuo de doce años de edad a un prudente joven de catorce. Las lecciones que aprendí de él durante ese periodo cambiaron la dirección de mi vida para siempre.

Bapuji solía tener una rueca a su lado y a mí me gusta imaginar que su vida era un hilo dorado de historias y lecciones que se entretejen de una generación a otra para componer una tela más fuerte para nuestra vida. Hoy, muchas personas sólo saben de mi abuelo por las películas o nada más recuerdan que inició el movimiento de la no violencia, el cual llegaría después a Estados Unidos y contribuiría al reconocimiento de los derechos civiles. Pero yo lo conocí como un abuelo afable y cariñoso que sacaba a relucir lo mejor de mí, porque eso era lo que buscaba. Me inspiró —igual que a muchas otras personas— a ser mejor en un grado impensable. Le importaba la justicia no porque tuviera una gran visión teórica de ella, sino porque le conmovían las dificultades de cada individuo. Pensaba que cada uno de nosotros merece la mejor vida posible.

Ahora más que nunca, todos necesitamos las lecciones de Bapuji. La inmensa cólera que priva en el mundo actual le entristecería, pero no le haría perder la esperanza.

La humanidad es una familia.

"La humanidad es una familia", me decía una y otra vez. Pese a que en su tiempo enfrentó odio y peligros, su filosofía práctica de la no violencia contribuyó a la liberación de la India y fue el modelo para promover los derechos sociales en todo el mundo.

Hoy, de nuevo debemos dejar de pelear entre nosotros para enfrentar con efectividad los verdaderos peligros que nos persiguen. Los asesinatos en masa y los bombazos letales forman parte ya de la vida diaria en Estados Unidos. Los ciudadanos de ese país ven morir a sangre fría a manifestantes pacíficos y policías. En las escuelas y las calles se asesina a menores de edad y las redes sociales se han vuelto un foro para el odio y la discriminación. Los políticos incitan a la violencia y la ira en lugar de buscar un terreno común.

La no violencia de mi abuelo jamás fue concebida como pasividad o debilidad. De hecho, él la veía como un medio para ser moral y éticamente más fuertes, y capaces de cumplir la meta de aportar armonía a la sociedad. Cuando apenas iniciaba su campaña de la no violencia le pidió a la gente que le ayudara a buscar un nombre para su movimiento y un primo suyo sugirió el de *sadagraha*, palabra sánscrita que significa "firmeza en una buena causa". Aunque este término le gustó, optó por la variante *satyagraha*, o "firmeza para la verdad", más tarde traducida como "fuerza espiritual", un eficaz recordatorio de que la verdadera fortaleza resulta de seguir los valores correctos cuando se busca la transformación social.

En mi opinión, todos debemos volver hoy a la *satyagraha* o fuerza espiritual de mi abuelo. Él creó un movimiento que produjo gran agitación política y la autodeterminación de cientos de millones de indios. Pero, sobre todo, intentó demostrar que podemos cumplir nuestras metas por medio del amor y la verdad y que logramos más cuando abandonamos nuestra desconfianza y buscamos fortaleza en la positividad y la valentía.

Mi abuelo no creía en etiquetas o divisiones entre las personas y aunque era muy espiritual se oponía a la religión cuando dividía a la gente en vez de unirla. En el ashram, todos los días nos levantábamos a las cuatro y media de la mañana para prepararnos para las oraciones de las cinco. Bapuji había leído los textos de todas las religiones y las oraciones universalistas que recitaba procedían de todas ellas. Creía que cada religión tiene una parte de verdad y que surgen dificultades cuando creemos que una sola religión representa la única verdad.

Por oponerse al régimen británico a favor de la autodeterminación de todas las personas, este hombre que sólo quería difundir el amor y la paz pasó casi seis años en prisión. Sus ideas de paz y unidad eran tan amenazadoras para tantos que se le encarceló no sólo a él, sino también a su esposa y a su mejor amigo y confidente, Mahadev Desai. Éste murió de un infarto en la cárcel en 1942 y la amada esposa de mi abuelo, Kasturbai, falleció en su regazo el 22 de febrero de 1944. Tres meses después, Bapuji salió de la cárcel, como único sobreviviente. Un año más tarde, me tomó a su cuidado y asumió la misión de enseñarme a tener una vida mejor.

Los dos años que pasé con él fueron un periodo importante para ambos. Su trabajo a favor de una India independiente fructificó entonces, aunque la violencia y separación que llegaron con ello eran ajenas a su sueño. Mientras él hacía cambios en el escenario mundial, yo aprendía a hacer cambios en mí: controlaba mis emociones, a menudo inmanejables, y descubría cómo desarrollar mi potencial y ver el mundo con nuevos ojos. Fui testigo de la historia al mismo tiempo que Bapuji me impartía lecciones prácticas y simples para cumplir mis metas personales. Aquél fue un curso intensivo en su filosofía de "Sé el cambio que quieres ver en el mundo".

Sé el cambio que quieres ver en el mundo.

Necesitamos ese cambio ahora que nuestro mundo alcanza ya niveles intolerables de odio y violencia. La gente anhela cambiar, pero se siente incapaz de hacerlo. El drástico desequilibrio económico supone que más de quince millones de niños en Estados Unidos y cientos de millones en el mundo entero no tienen lo suficiente para comer mientras que quienes viven en la abundancia creen tener licencia para desperdiciar. Cuando un grupo de fascistas destrozó recientemente una estatua de mi abuelo en una plaza del norte de la India, lanzó esta amenaza: "Verán una estela de terror". Debemos transformar nuestra vida si queremos acabar con esta locura.

Mi abuelo temía este momento de la historia. Apenas una semana antes de su asesinato, un reportero le preguntó: "¿Qué cree que ocurra con su filosofía después de su muerte?". Él contestó muy triste: "La gente me sigue en vida y me venerará muerto, pero no hará de mi causa su causa". Hoy debemos hacer una vez más de su causa la nuestra. Su sencilla sabiduría puede ayudarnos a resolver los problemas que enfrentamos. Nunca habíamos necesitado más de mi abuelo como ahora.

Bapuji usó verdades trascendentes y una guía práctica para cambiar el curso de la historia. Es momento ya de que todos las usemos.

Las lecciones que aprendí de él transformaron mi vida y espero que te ayuden a encontrar más paz y significado en la tuya.

Lección uno

Usa la ira para bien

Mi abuelo sorprendió al mundo cuando respondió a la violencia y el odio con amor y perdón. Jamás resintió los tóxicos efectos de la ira. Yo no tuve tanta suerte. De ascendencia india, crecí en Sudáfrica, donde la discriminación racial era tan aguda que los niños blancos me agredían por no ser tan blanco como ellos y los niños negros por no ser negro.

Un sábado en la tarde fui a comprar dulces a un barrio blanco y tres adolescentes arremetieron contra mí. Uno de ellos me abofeteó y cuando caí los otros dos me patearon entre risas, y huyeron antes de que alguien los sorprendiera. Yo tenía apenas nueve años. Al año siguiente asistí con mi familia a la celebración de la festividad hindú de las luces en la ciudad. Rumbo a casa de unos amigos de mis padres, pasé junto a un grupo de jóvenes negros apostados en una esquina; uno de ellos se acercó y me golpeó la espalda con un palo por el solo hecho de ser indio. Sentí tanta furia que quise vengarme.

Me inicié entonces en el levantamiento de pesas, con la vaga idea de alcanzar la fuerza necesaria para desquitarme. A mis padres, que se veían a sí mismos como embajadores de las enseñanzas de no violencia de Bapuji, les impacientaba que me metiera en tantas peleas. Querían que fuese menos agresivo, pero no podían hacer gran cosa con mi rabia.

A mí no me agradaba estar siempre enojado; guardar rencor y fantasear con la venganza me hacía sentir más débil, no más fuerte. Mis padres esperaban que mi estancia en el ashram con Bapuji me ayudara a comprender mi furia y a lidiar mejor con ella. Yo esperaba lo mismo.

En mis primeros encuentros con mi abuelo me impresionó que él pareciera estar siempre tranquilo y bajo control, independientemente de lo que se dijera o se hiciera en torno suyo. Me propuse seguir su ejemplo y no lo hice mal por un tiempo. Después de que mis padres y mi hermana se marcharon, conocí a algunos chicos de mi edad que vivían en la aldea vecina y con quienes jugaba. Ellos usaban como balón de futbol una vieja pelota de tenis y yo colocaba un par de piedras en el suelo para indicar la portería.

Me encantaba el futbol. Aunque aquellos chicos se burlaron de mi acento sudafricano desde el primer día, me había visto en peores circunstancias y toleraba sus mofas. Pero en una ocasión en que el juego se acaloró, uno de ellos me metió una zancadilla mientras yo perseguía el balón y caí al duro y polvoriento suelo.

Mi ego salió tan lastimado como mi rodilla y sentí una conocida avalancha de enojo: el corazón me latía con fuerza y mi mente clamaba venganza. Tomé una piedra, me levanté furioso y alcé el brazo para lanzarla lo más fuerte posible contra mi agresor.

Pero una vocecita dentro de mi cabeza dijo: “No lo hagas”.

Tiré la piedra y corrí al ashram. Las lágrimas rodaban aún por mis mejillas cuando hallé a mi abuelo y le conté lo ocurrido.

—¡Me enojo mucho, Bapuji! No sé qué hacer.

Pensé que él estaría molesto conmigo por haberlo defraudado, pero me palmeó la espalda para tranquilizarme y me dijo:

—Ve por tu rueca, hilemos juntos un poco de algodón.

Él me había enseñado a usar la rueca tan pronto como llegué al ashram. Yo hilaba a diario, una hora en la mañana y otra en la tarde; era muy relajante. A mi abuelo le gustaban las multitareas antes siquiera de que esta palabra se usara. Solía decir: "Mientras nos sentamos a conversar podemos hilar con nuestras manos". Fui por mi maquinita y la instalé.

Él sonrió y se dispuso a hilar, junto con el algodón, una lección dirigida a mí.

—Te contaré una historia —me dijo al tiempo que ocupaba mi lugar a su lado—. Había una vez un niño de tu edad que siempre se enojaba porque nunca se salía con la suya. No podía reconocer el valor de la perspectiva de otras personas, así que cuando la gente lo provocaba, reaccionaba con rabietas —como sospeché que ese niño era yo, puse más atención sin dejar de hilar—. Un día se involucró en una pelea muy seria y mató por accidente a su adversario —continuó—. En un momento de pasión irreflexiva, destruyó su vida cuando arrebató la del otro.

—Prometo que mejoraré, Bapuji —no sabía *cómo* lo haría, pero no quería matar a nadie en un arranque de cólera.

Él asintió.

—Tienes mucha rabia en tu interior —dijo—. Tus padres me contaron acerca de todas las peleas en las que te has metido en casa.

—Lo siento mucho —repuse y temí romper a llorar de nuevo.

Sin embargo, él había planeado una moraleja distinta a la que yo supuse. Me miró desde su rueca.

—Me alegra ver que eres capaz de enojarte. La ira es buena; yo me enojo todo el tiempo —confesó mientras hacía girar la rueca con los dedos.

Yo no podía creer lo que acababa de oír.

—Nunca te he visto enojado —repliqué.

—Porque he aprendido a usar mi ira para bien —me explicó—. La ira es a la gente lo que la gasolina a los coches: permite avanzar y llegar a un sitio mejor. Sin ella no estaríamos motivados a vencer un desafío. Es una energía que nos impulsa a definir lo justo y lo injusto.

Usa tu ira para bien. La ira es a la gente lo que la gasolina a los coches: permite avanzar y llegar a un sitio mejor. Sin ella no estaríamos motivados a vencer un desafío. Es una energía que nos impulsa a definir lo justo y lo injusto.

Me contó entonces que cuando era joven y vivía en Sudáfrica había sufrido también las consecuencias de la discriminación violenta y que eso lo hacía enfadar. No obstante, con el tiempo aprendió que era inútil que buscara venganza y empezó a luchar contra el prejuicio y la discriminación con compasión, a reaccionar a la ira y el odio con bondad. Creía en el poder de la verdad y el amor. Buscar venganza ya no tenía sentido para él. La ley del talión ("Ojo por ojo y diente por diente") no hace más que volver ciego a todo el mundo.

Me sorprendió saber que él no había sido ecuánime desde chico. Aunque ahora se le veneraba y se le llamaba con el título honorífico de Mahatma ("sabio"), alguna vez había sido un niño rebelde. Cuando tenía mi edad les robaba dinero a sus padres para comprar cigarros y se metía en problemas con otros muchachos. Casado con mi abuela, a raíz de un matrimonio arreglado cuando ambos tenían apenas trece años de edad, a veces le gritaba y en una ocasión, después de un altercado, intentó echarla de la casa. Pero como no le agradaba lo que le pasaba, comenzó a moldearse para ser como en verdad quería: una persona ecuánime y bajo control.

—¿Yo puedo aprender a hacer eso? —pregunté.

—Ya lo haces ahora —contestó él con una sonrisa.

Sentado a la rueca, yo intentaba convencerme de que la ira podía usarse para bien. Aunque *sintiera* cólera todavía, podía aprender a canalizarla hacia fines positivos, como los cambios políticos que mi abuelo perseguía con serenidad en Sudáfrica y la India.

Él me explicó que nuestras ruecas eran un ejemplo de que la ira puede generar cambios positivos. La producción de telas había sido durante siglos una industria artesanal en la India, pero en ese entonces las grandes fábricas textiles de Gran Bretaña se apropiaban del algodón de esa nación, lo procesaban y lo vendían a los indios a precios elevados. La gente estaba molesta; vestía harapos porque no podía comprar ropa de factura británica. Sin embargo, en lugar de arremeter contra la industria británica porque empobrecía a la gente, Bapuji se puso a hilar, para alentar a cada familia a tener una rueca y ser autosuficiente. Esto ejerció gran impacto en todo el país, lo mismo que en Inglaterra.

Bapuji vio que lo escuchaba con atención, así que me ofreció otra analogía —¡le encantaban las analogías!— y comparó la ira con la electricidad.

—Cuando la electricidad se canaliza en forma inteligente, podemos usarla para mejorar nuestra vida, pero si abusamos de ella podríamos morir. De igual manera, debemos aprender a usar la ira sabiamente por el bien de la humanidad.

Cuando la electricidad se canaliza en forma inteligente,
podemos usarla para mejorar nuestra vida,
pero si abusamos de ella podríamos morir.
De igual manera, debemos aprender a usar la ira
sabiamente por el bien de la humanidad.

Yo no quería que mi ira provocara un corto circuito en mi vida ni en la de otras personas. Pero ¿cómo podía convertirla en una chispa de cambio?

Aunque Bapuji era muy espiritual, podía ser práctico también. Me dio un cuaderno y un lápiz y me dijo que los usara para llevar un diario sobre mi ira.

—Cada vez que sientas mucha cólera, contrólate y escribe quién o qué te causó esos sentimientos y por qué reaccionaste con tanto enfado —me instruyó—. La meta es que llegues a la raíz de tu ira. Sólo si comprendes la fuente hallarás una solución.

La clave, me explicó, era aceptar el punto de vista de cada persona. Un diario de mi ira no sería un modo de desahogar mi cólera y justificarme, como muchas personas hacen ahora. (¡Después releen su diario y se sienten enojadas y se justifican otra vez!) En cambio, debía ser un modo de tratar de entender la causa del conflicto y su solución. Yo tenía que tomar distancia de mí mismo y entender la versión de la otra persona. Ésta no era una fórmula para la sumisión, sino una técnica para hallar una solución que no condujera a más ira y resentimiento.

Pese a que a veces queremos resolver un conflicto, nuestros métodos sólo agravan las cosas. Nos enojamos e intimidamos porque creemos que de esta forma obligaremos a la gente a hacer lo que deseamos. Pero las agresiones, las críticas y las amenazas de castigo son contraproducentes con niños y adultos por igual. Nuestras reacciones de ira intensifican las disputas. Abusamos de los demás sin darnos cuenta de que, en definitiva, el abuso no es poder. Quienes hacen gala de maldad y agresividad en el patio de juegos, los negocios o las campañas políticas suelen ser los más débiles e inseguros. Bapuji me enseñó que ser capaz de comprender el punto de vista ajeno y de perdonar es señal de verdadera fortaleza.

Me explicó que dedicamos mucho tiempo a forjar un cuerpo fuerte y saludable, pero tiempo insuficiente a formar una mente fuerte y sana. Si la mente no está bajo control, nos enojamos, protestamos y decimos o hacemos algo que después lamentaremos. Quizá sintamos docenas de veces al día esa descarga de ira o frustración y debamos decidir cómo reaccionar. Un colega dice algo en el trabajo y respondemos con una insolencia o recibimos un correo electrónico irritante y contestamos de mal modo sin pensar. Incluso permitimos que nuestra ira lastime a quienes más queremos, nuestros hijos o nuestro cónyuge; nos desilusionan o dicen algo con lo que no estamos de acuerdo y arremetemos contra ellos.

Nuestras palabras pueden lastimar irremediablemente a quienes deberíamos tratar con bondad y amor, y no vemos que el enojo nos lastima a nosotros también. Piensa en lo mal que te sientes cuando ofendes a alguien o eres cruel con él; tu cuerpo se tensa y sientes como si tu mente ardiera en llamas; tu arranque te atormenta y no puedes pensar en otra cosa. La ira limita tu mundo y lo único que puedes ver es el agravio del momento. Aunque más tarde te calmes y te disculpes, el daño está hecho. Cuando reaccionamos impulsivamente y agredimos a otros es como si disparáramos balas, las cuales no pueden ser devueltas al revólver.

Debemos recordar que tenemos la opción de reaccionar de otra manera.

Aquel día en la rueca, Bapuji me habló de la necesidad de considerar el enojo como un aviso de que algo marcha mal. Llevar un diario era sólo el primer paso; lograr el control de mi mente garantizaría mi capacidad para responder de modo adecuado en el futuro. En lugar de decir algo que lamentaremos después o de infligir daño emocional a otros, me explicó, es posible concentrarse en una solución que satisfaga a todos. Si la respuesta inmediata no fue útil, ¿qué reacción podría brindar una mejor comprensión?

—¡Tengo que fortalecer mi mente, Bapuji! —exclamé—. ¿Qué tipo de ejercicios debo hacer?

Me dijo que empezara con algo fácil. Debía encerrarme en silencio en una habitación sin distracciones (¡hoy esto significaría sin teléfono celular!) y sentarme frente a algo bello, como una flor o su fotografía. Tenía que concentrarme en ese objeto durante un minuto o más y cerrar después los ojos y ver cuánto tiempo podía retener esa imagen en mi mente. Quizás, al principio, dicha imagen se desvanecería casi tan pronto como cerrara los ojos, pero si practicaba con regularidad podría retenerla cada vez más. Esto señalaría menos distracción y más control de mi mente.

Cuando creciera, siguió, podría pasar a la segunda etapa de este ejercicio. En esa misma habitación en silencio debía cerrar los ojos y fijar mi atención en mis inhalaciones y exhalaciones. Es decir, tenía que concentrarme por completo en mi respiración y evitar pensamientos superfluos. Estos ejercicios me darían más control sobre mis reacciones, dijo, para no actuar impetuosamente en un momento de crisis.

Comencé a hacer el ejercicio recomendado por Bapuji al siguiente día y lo hago religiosamente aún hoy; es todavía la mejor manera que conozco de controlar mi mente. Aunque tardé varios meses en aprender a canalizar mi ira hacia la acción inteligente, lo conseguí. Este tipo de control de la ira es un ejercicio para toda la vida; no puedes practicarlo unos meses y pensar que ya lo dominas. Las circunstancias de la vida cambian, y junto con ellas las causas de la ira. Así, es importante que estemos siempre alertas y preparados para lidiar con cualquier pelota curva que se nos lance.

Yo tenía curiosidad de saber cómo había aprendido mi abuelo a usar la ira para bien.

—¿Puedo hacerte una pregunta, Bapuji?

—Desde luego, Arun —respondió.

—¿Cómo aprendiste que la ira es tan útil y efectiva?

Dejó de hilar y soltó una carcajada.

—Me lo enseñó tu abuela.

—¿De veras? ¿Cómo? ¿Qué sucedió?

—Me casé tan joven que no sabía cómo portarme con mi esposa. Después de clases iba a la biblioteca a buscar libros sobre las relaciones matrimoniales. Un día tuvimos una discusión en la que yo grité y ella reaccionó en forma tranquila y racional; eso me dejó sin habla. Después reflexioné sobre ese episodio y me di cuenta de que cuando nos enojamos somos muy irracionales y de que tu abuela había resuelto con tino la situación. Si hubiera replicado enfadada habríamos tenido un duelo de gritos que quién sabe en qué habría acabado. Entre más pensaba en eso, más me convencía de que todos debemos aprender a usar la ira con inteligencia.

Mi abuela había muerto en la cárcel, donde ingresó junto con Bapuji por desobediencia civil, y yo sabía que él la extrañaba mucho; cada mes celebraba una sesión de oración en su memoria. Su relato me hizo darme cuenta de lo útil que es reaccionar con tranquilidad cuando alguien se enoja, y de lo inusual que eso resulta. Lo más común es que cuando una persona grita, la otra se ponga a la defensiva y grite en respuesta, lo que eleva cada vez más el nivel de la ira. Ocurre lo contrario si hablas con amabilidad con quienes te lastimaron o te hicieron enojar.

Comprendí esta lección en teoría cuando Bapuji me la enseñó, pero se volvió real sólo años después, a raíz de una situación que encendió todas mis emociones. A los veintidós años de edad, cuando ya vivía en Sudáfrica de nuevo, regresé a la India para visitar a unos parientes. Aunque planeaba volver a casa y continuar la lucha contra la discriminación y el *apartheid*, sufrí una apendicitis aguda, por lo que necesité una cirugía inmediata. La enfermera que me internó, Sunanda Ambegaonkar, además de ser hermosa, fue tan amable conmigo que en los cinco días en que estuve en el hospital me robó el corazón. Ambos éramos muy tímidos, así que tardé mucho en convencerla de ir conmigo al cine. Llegué a la sala a las tres de la tarde y la aguardé horas enteras hasta que por fin llegó, poco antes de las seis, sin esperar encontrarme ahí todavía. Aunque afirmó que una emergencia la había retrasado, después admitió que le había dado miedo.

Luego de ese accidentado inicio, nos enamoramos y nos casamos. Ella debía tramitar su visa para partir conmigo a Sudáfrica y yo di por sentado que no habría ningún problema; era ciudadano de ese país y tenía derecho a llevar conmigo a mi esposa. Sin embargo, aquéllos eran los días de un *apartheid* muy estricto y ella no fue bienvenida. Durante más de un año hicimos todo lo que pudimos para que el gobierno sudafricano me permitiera regresar con Sunanda, pero fue en vano; ella no podría ingresar al país. Tuve que decidir entre quedarme con mi esposa en la India y volver a Sudáfrica con mi madre viuda y mis hermanas. Estaba enfadado y angustiado. ¿Cómo era posible que un gobierno provocara un dolor tan innecesario? Aunque la decisión fue desgarradora, opté por quedarme en la India con mi adorada esposa.

Diez años después, un buen amigo mío visitó la India. Cuando llegué al puerto a recibirlo, un hombre blanco me tomó de la mano y me explicó que estaría en Mumbai casi una semana y deseaba conocer la ciudad. Yo era el primer indio con quien tropezaba, ¿podría ayudarlo? Dijo llamarse Jackie Basson y ser miembro del parlamento de Sudáfrica.

Sentí que mi antigua furia crecía dentro de mí. El gobierno al que pertenecía ese individuo me había ofendido e impedido regresar. Yo no quería ayudarlo; quería echarlo por la borda y vengarme. Pero para entonces ya tenía algo de práctica en las lecciones de Bapuji acerca de canalizar la ira con inteligencia, así que tragué saliva y decidí no actuar por impulso. Le estreché la mano y le informé con cortesía que yo era una víctima del *apartheid*, pues su gobierno me había obligado a permanecer en la India porque no permitía el ingreso de mi querida esposa.

—No estoy de acuerdo con lo que su gobierno hace —le dije—. Sin embargo, usted es un huésped de esta ciudad y me haré cargo de que su estancia sea agradable.

Después de instalar a mi amigo, en los días siguientes mi esposa y yo paseamos por Mumbai al señor y la señora Basson, a quienes tratamos con cordialidad y les mostramos los lugares de interés. Hablamos del *apartheid* que había separado a mi familia. El último día, cuando nos despedimos... ellos rompieron a llorar.

—Ustedes nos abrieron los ojos a los males de la discriminación —me dijo Basson y me dio un abrazo—. El gobierno al que apoyo está en un error. Combatiremos el *apartheid* a nuestro regreso.

Mientras los veía abordar su barco, dudé de que los pocos días que habíamos pasado juntos hicieran que él cambiara de postura.

—No sé si es sincero —le dije a mi esposa—. Esperemos y veamos qué pasa.

No tuve que aguardar mucho tiempo. Tan pronto como Basson llegó a su país denunció el *apartheid*. Era tan apasionado en su oposición que el partido gobernante lo expulsó; él perdió la elección siguiente. Pese a todo, se mantuvo firme; su tenacidad contribuyó sin duda a persuadir a otros.

Observar ese cambio increíble confirmó para mí el poder de la filosofía de Bapuji de usar la ira con inteligencia. Si yo hubiera reprendido a Basson (o lo hubiera echado por la borda) como quise hacerlo cuando lo conocí, habría tenido una satisfacción momentánea. Habría amonestado a un funcionario ¡y se lo merecía! Pero el resultado no habría sido satisfactorio; él habría vuelto a casa más convencido que nunca de que el racismo era la posición correcta y de que debía mantenerse lejos de los negros y los indios.

Usar la ira con inteligencia procura una vida mejor en lo personal y también en lo social. Mi abuelo lo descubrió pronto en su experiencia política. En 1913 vivía en Sudáfrica y quería lanzar una nueva campaña contra la discriminación y la segregación. Con un lenguaje no agresivo ni acusatorio, pidió al gobierno dialogar. Al no obtener respuesta, informó a la sociedad que buscaba una solución pacífica y no tenía intenciones agresivas e invitó a la gente a que lo acompañara en protestas civiles.

Justo entonces, los trabajadores de los ferrocarriles anunciaron que se irían a huelga en busca de mejores condiciones de trabajo. Mi abuelo comprendió que ése sería un gran inconveniente, porque dominaría la atención de todos, así que decidió suspender su campaña hasta que esa huelga concluyera.

—Debería sumarse a nosotros —le sugirió un líder—. Unamos fuerzas. Una huelga es una legítima campaña no violenta y combatimos a un enemigo común.

—Yo no considero a nadie mi enemigo —replicó mi abuelo—; todos son mis amigos. Quiero concientizarlos y cambiar su corazón.

Los ferroviarios se declararon en huelga según lo previsto y salieron a las calles, donde corearon agresivas consignas. Estaban furiosos y frustrados e incitaban fácilmente a la violencia, lo que justificó que la policía usara la fuerza para enfrentarlos y sofocar su huelga. Cuatro días más tarde tuvieron que regresar a trabajar sin haber obtenido nada.

Bapuji lanzó poco después su campaña contra la discriminación. Fijó un tono de protesta tranquilo y sin ira. Pese a las atrocidades de la policía, jamás se refería a ella ni al gobierno como enemigos. Su idea era ganar la simpatía de todos —incluida la policía—, no perjudicarlos ni avergonzarlos. Cuando las autoridades terminaron por hacer arrestos, Bapuji y sus seguidores se sometieron con calma y subieron en silencio a las camionetas policiales. Los reemplazaron otros manifestantes, quienes fueron detenidos también. Esto continuó hasta que, dos semanas más tarde, las cárceles estaban tan llenas que ya no cabía nadie más. El primer ministro, el general Jan C. Smuts, invitó a mi abuelo a buscar una solución. Cuando se reunieron, confesó que no sabía cómo tratarlo: "Usted es siempre tan respetuoso, amable y considerado que es difícil enfrentarlo con violencia. Fue mucho más fácil atacar a los huelguistas, que estaban furiosos".

Mantener la calma ante la ira no siempre es fácil, aunque una vez que lo intentes y veas los resultados confiarás en ello. No es necesario que esperes un gran acontecimiento o protesta; éste es un método que todos podemos probar a diario con las personas más cercanas a nosotros. Mientras desarrollamos nuestra aptitud para canalizar la ira, veremos cambios en quienes nos rodean. A nadie le gusta ser objeto de abusos; todos preferiríamos ser comprendidos y apreciados. Permitir que la ira nos motive a corregir injusticias posee gran valor, pero sólo cuando nuestra meta es buscar una solución, no para demostrar que estamos en lo cierto.

Mientras estábamos en nuestras ruecas ese día en el ashram, Bapuji me abrazó con la esperanza de que comprendiera su lección.

—Usa tu ira con sabiduría —me dijo—. Permite que te ayude a encontrar soluciones de amor y verdad.

Usa tu ira con sabiduría.
Permite que te ayude a encontrar soluciones
de amor y verdad.

Sentí su inmenso amor por mí y desde ese momento supe que el amor y la bondad son más fuertes que la ira. Pese a que el resto de mi vida no cesaría de enfrentar la injusticia y la discriminación, nunca más volvería a sentir ganas de lanzar una piedra contra alguien. Podía encontrar otras soluciones.

Lección dos

No temas decir lo que piensas

Aunque mi abuelo confiaba en que la gente que se le unía en el ashram lo hacía para perseguir la Verdad suprema, muchos lo acompañaban como simples admiradores. Él quería que todos pensáramos por nosotros mismos. Creía que nadie debía complacer a otros a costa de sí mismo y no le molestaba que sus seguidores no estuvieran de acuerdo con él.

"Un 'no' dicho con profunda convicción es mejor que un 'sí' dicho para complacer o, peor todavía, para evitar problemas", nos decía. De todas formas, a la mayoría de la gente se le dificultaba cuestionarlo. Lo consideraban un sabio y un santo y quienes llegaban al ashram querían aprender de él.

Un "no" dicho con profunda convicción es mejor que un "sí" dicho para complacer o, peor todavía, para evitar problemas.

Esto fue lo que impulsó a mi hermana Ela, de seis años, a demostrarles a todos que decir lo que piensas es no sólo correcto, sino también muy importante.

Cuando llegamos a Sevagram, mis padres y Ela se quedaron conmigo una semana. Ella y yo estábamos acostumbrados a nuestra vida en Sudáfrica, donde vivíamos en el ashram Phoenix, que también Bapuji había iniciado; fue su primer experimento de vida en comunidad. Al principio, ahí vivían sólo nuestros parientes inmediatos y algunos primos, pero pronto se nos unieron ciertos amigos y después personas intrigadas por el concepto de vivir en comunidad unos con otros y con la naturaleza.

Aunque la vida en el ashram Phoenix era muy simple, parecía casi opulenta en comparación con la que se llevaba en Sevagram. En Sudáfrica teníamos muebles de uso práctico y vivíamos en casas de madera y metal corrugado; aquí eran chozas de adobe y había que sentarse en el suelo. Sin embargo, la principal diferencia era la comida. Pese a que en ambos ashrams se consumía únicamente lo que se cultivaba, en Phoenix mi madre cocinaba platillos muy variados y condimentados; en Sevagram, la comida era (para decirlo sin rodeos) espantosa. Todos los días consumíamos alguna versión de calabazas cocidas sin sal; cada platillo era tan soso e insípido como el anterior, porque nos alimentábamos de calabazas cocidas en el desayuno, la comida y la cena. Ela y yo nos quejamos con nuestros padres, pero nos hicieron callar y señalaron que éramos huéspedes y debíamos seguir el plan de Bapuji. Hablamos entonces con los empleados de la cocina y nos dijeron lo mismo: "Hacemos lo que Gandhi quiere". Todos daban por supuesto que él había establecido el menú y que por tanto éste tenía una razón de ser. Aunque mi hermana y yo no éramos los únicos que habríamos querido una verdura distinta de vez en cuando, nadie quería parecer insolente ni cuestionaba lo que comíamos.

La pequeña Ela no tenía esos escrúpulos. Luego de casi una semana de comer calabazas ya estaba harta. Con la justa ira de una niña de seis años entró en la choza de adobe de Bapuji.

—¡Deberías cambiar el nombre de este lugar por el de ashram Kola! —usó la palabra india que significa "calabaza".

Alarmado por tal arrebato, Bapuji interrumpió su labor y preguntó:

—¿A qué te refieres, niña mía?

—A que desde que llegamos aquí hemos comido calabazas mañana, tarde y noche. ¡Ya me harté! —soltó.

—¿De veras? —Bapuji estaba muy asombrado, pero como tenía sentido del humor añadió—: Vamos a investigarlo; si lo que dices es cierto, en verdad tendríamos que cambiar el nombre del ashram.

Aunque él comía lo mínimo necesario para nutrirse y solía usar el ayuno como una forma de protesta no violenta, no esperaba que todos siguieran esa estricta y meticulosa dieta. Estaba tan ocupado que rara vez asistía a las comidas comunitarias, así que ni siquiera sabía qué comíamos.

Esa noche después de la sesión de oración, cuando él pronunciaba usualmente su sermón, pidió al administrador del ashram que explicara el motivo de que todos comieran a diario calabazas. Munna Lal, el administrador, afirmó que seguía sus propias instrucciones de comer sólo lo que se cultivaba en la granja.

—¿Quieres decir que nuestra granja nada más produce calabazas? —preguntó Bapuji.

—Usted dijo que nuestra alimentación debía ser simple, así que pensé que quería algo como eso.

—*Simple* no significa comer lo mismo todo el tiempo.

El administrador parecía avergonzado.

—Sembramos de calabazas una parcela entera y tenemos tantas que no sabemos qué hacer con ellas. Por eso cocinamos tantas —confesó.

Bapuji dijo que ésa no era una buena planeación.

—Deberíamos cultivar gran variedad de frutas y verduras y preparar comidas sencillas —pero como nunca amonestaba sin una solución agregó—: Ya que tenemos un excedente de calabazas, llévalas a la aldea y cámbialas por otras verduras.

Ela se llevó las palmas, y no sólo porque la comida mejoró pronto, sino también porque Bapuji puso como ejemplo que ella lo hubiera encarado como una lección de que no debemos callar cuando hay problemas. ¿Cómo podremos producir cambios en el mundo si tememos decir lo que está mal?

Cuando Ela y mis padres se marcharon, yo me adapté rápidamente al ritmo del ashram. Me levantaba todos los días a las cuatro y media de la mañana y me preparaba para las oraciones de las cinco. Bapuji dirigía las oraciones y después hablaba ante todos los presentes de asuntos importantes para ese día. Sin embargo, a veces sólo se ocupaba de temas prácticos del ashram y yo sonreía para mí porque pensaba en lo sorprendido que estaría el mundo de oír hablar al gran Gandhi de la mejor forma de regar verduras. No pensaba nunca que un tema fuera indigno de él.

A continuación yo hacía ejercicio durante una hora, lo que incluía un poco de yoga, y más tarde venían las faenas diarias. Todos teníamos que ayudar aun en las labores más desagradables, como limpiar los escusados. En casi toda la India, las tareas más humildes eran exclusivas de las castas inferiores, pero Bapuji creía que eliminar distinciones entre la gente ayudaría a terminar con la discriminación en el mundo, así que todos nos turnábamos para realizar los deberes más pesados. Retirar los desechos en cubetas para que se les utilizara como abono era lo peor para mí. Al principio me tapaba la nariz a causa del olor y esperaba que, como nieto de Gandhi, se me diera un trato especial; ¡ni de broma! Todos colaboraban, y un rato después la tarea no parecía tan mala. La enseñanza de Bapuji de que todos éramos iguales te hacía ver el trabajo de otra manera.

Después de los deberes domésticos llegaba la hora del desayuno (¡por fin!) y luego yo salía con mi tutor a tomar mis lecciones bajo un sol inclemente. En ocasiones la temperatura era superior a los cuarenta y seis grados, pese a lo cual resultaba imposible librarse del sol, porque mi excéntrico tutor había jurado no buscar nunca la sombra, aunque a mí se me permitía a veces cubrirme la cabeza con una toalla de algodón. A pesar de que la gente en el ashram acostumbraba hacer juramentos de ese tipo para mostrar su disciplina mental y su capacidad para llevar a cabo sus planes, en esos días calurosos yo habría preferido que mi tutor fuera menos estricto en el cumplimiento de su promesa.

Hacer juramentos era también una práctica común en la tradición hindú. En una ocasión en que visitábamos a mi abuela materna, una de mis tías había jurado hacer sólo dos comidas al día. Durante un picnic, mi hermana y yo notamos que esa tía no había hecho otra cosa toda la tarde que masticar pequeños caramelos y le preguntamos por qué.

—Ya desayuné, ¡así que ahora prolongo esa comida hasta que sea la hora de cenar! —explicó.

Mi tutor era más estricto con sus juramentos y no hacía concesiones, así que pasábamos todo el día afuera, con apenas un receso de media hora para comer. Además del calor, por lo general el sitio estaba árido y polvoriento y cuando las lluvias llegaban se convertía en un pantanal. Transitábamos entonces al otro extremo, pues la temperatura se desplomaba en invierno a doce grados.

Haber hecho un juramento de no buscar la sombra no era la única peculiaridad de mi tutor. Una vez discutió y le gritó a otro residente. El asunto llegó hasta Bapuji, quien le hizo ver a mi tutor que había dicho cosas terribles y debía aprender a controlar su ira.

—¿Qué cree que debo hacer? —preguntó éste.

—Eres un hombre inteligente; te dejaré decidirlo por ti mismo —contestó Bapuji.

Mi tutor asombró a todos, incluyendo a mi abuelo, cuando se cosió literalmente los labios con un alambre. Escribió una nota en la que explicó que sus labios permanecerían cerrados hasta que estuviera seguro de que no perdería de nuevo los estribos. Tardó mucho tiempo en convencerse de esto y durante meses comió sólo líquidos que derramaba en un extremo de su boca a través de un embudo. Cuando lo conocí, las cicatrices en sus labios superior e inferior eran muy notorias todavía, así que era improbable que corriese bajo un árbol a causa de un poco de calor.

Bapuji aceptaba la excentricidad y la posesión de un punto de vista propio, pero le exasperaban las personas que renunciaban a razonar y dejaban de pensar por sí mismas. Quizá le habría disgustado ver que el hábito de hacer lo mismo que los demás se ha agravado ahora que las redes sociales nos permiten dar likes y "seguir" a otros sin pensarlo mucho. Una celebridad describe su régimen para bajar de peso y millones de personas lo prueban, pese a que tenga tan poco sentido como la dieta de calabaza. Un político hace declaraciones cargadas de rudeza y fanatismo y la gente no lo confronta porque apoya al partido al que pertenece ese individuo. Los líderes religiosos hacen pronunciamientos que desconocen los derechos de las mujeres y la gente los acepta sin chistar en nombre de la tradición.

Muchos políticos consultan ahora las encuestas de opinión antes de tomar partido sobre toda clase de asuntos y dicen lo que piensan sólo cuando esto sirve a sus intereses. Es raro que se detengan a escuchar los puntos de vista de otros, porque temen que si cambian de opinión la prensa los criticará con severidad por "dar traspiés". A Bapuji no le importaba la política partidista ni necesitaba tener siempre la razón. Me confió que todos los días ponía a prueba nuevas nociones y cuestionaba sin cesar sus más caras ideas. No se permitía ser complaciente. Sabía que cuando una enseñanza se sigue rígida y dogmáticamente, se le ridiculiza y su verdadero propósito se debilita.

Pienso que él les diría hoy algunas cosas a quienes no están dispuestos a pensar por sí mismos y a hablar de lo que está mal. Ela, de seis años, pudo hacerlo, y todos los demás también deberíamos hacerlo. No es posible que nos dejemos llevar por el juicio ajeno sin detenernos a pensar si tiene sentido para nuestras creencias. Si aceptas la definición de *bien* de otra persona y no te empeñas en descubrir lo que valoras por ti mismo, aceptas la calabaza hervida y sin sal.

Demuestras tu fortaleza cuando defines lo que más te importa y estás dispuesto a defenderlo aun si la corriente sigue una dirección distinta.

Como nieto de Gandhi, yo he tratado de emular toda mi vida su ejemplo de no violencia y comprensión. Por un tiempo pensé que debía seguir exactamente su mismo camino y no desviarme nunca de él, pero luego recordé que le había enorgullecido que Ela dijera lo que pensaba y supe que él querría que pensara por mí mismo. Creía en una filosofía viva que fuera siempre puesta a prueba y perfeccionada. Yo no soy como él; basta verme para saberlo.

"Eres gordo y corpulento mientras que tu abuelo era muy delgado", me decían mis amigos en tono de burla cuando regresé de la India.

Los adolescentes son siempre inseguros y que me compararan con el gran Gandhi parecía a veces más de lo que yo podía soportar.

—¿Cómo puedo vivir con ese legado? —le pregunté una vez a mi madre.

—Si lo ves como una carga, te pesará toda la vida —me respondió sabiamente—. Si lo entiendes como un camino al significado y la verdad, te será mucho más ligero.

Desde entonces ignoré esos comentarios negativos. Podía admirar a mi abuelo y promover las causas en las que creía sin dejar de ser yo mismo. A diferencia de él, no soy vegetariano; aunque intenté serlo, decidí que eso no formaba parte de mi vida. Antes, hubo personas que se me acercaban mientras cenaba en un restaurante, como si me dijeran: "¡Te atrapé!". Sabían que yo quería difundir las palabras de mi abuelo ¡pero tenía una hamburguesa frente a mí! Intentaba explicar que Bapuji no creía que fuera necesario suscribirse a un dogma por completo y renunciar al concepto total de uno mismo. Debes pensar, cuestionar y volverte parte del proceso. En lugar de traicionar a mi abuelo y sus grandes causas, hago mía su filosofía.

Aprendí de Bapuji que no se debe vivir en una forma particular sólo para complacer a otros. Hacer lo mismo que los demás no genera cambios ni mejora al mundo. A menudo me encuentro con personas que laboran en grandes compañías y salen de trabajar muy tarde porque creen que eso es lo que se espera de ellas. ¿De verdad agregan valor o podrían ser fieles a sí mismas y a su familia y cumplir de todos modos con su trabajo? Debemos evitar seguir un camino que no nos haga felices sólo porque alguien nos dice que es el correcto.

Muchos de nosotros caemos en la trampa de perseguir cosas materiales porque ésas son las imágenes que se refuerzan a nuestro alrededor en la publicidad, la televisión, el cine y las redes sociales. Pese a que en determinado nivel sabemos que comprar una casa más grande o un coche más veloz no será la solución que nos haga felices, se nos dificulta rechazar las expectativas comunes y decir: "Quiero otra cosa".

Bapuji vivió con absoluta sencillez porque no creía que una persona debe merecer más cosas que otra. Sin embargo, de joven no se comportaba así. Cuando ejercía el derecho en Londres, tenía un traje elegante que había sido hecho a su medida en Bond Street para integrarse a ese medio. Tomaba incluso clases de baile y compró un violín para tratar de ser todo un caballero inglés.

Después se mudó a Sudáfrica y para un caso tuvo que ir a Pretoria en un tren que viajaba de noche. Tras entrar al compartimiento de primera clase con el boleto adecuado, un blanco rudo y alto protestó por su presencia.

—¡Largo de aquí, culí! —lo injurió con el insulto racial de la época.

—Tengo un boleto válido de primera clase —replicó mi abuelo.

—No me importa lo que tengas. Si no te bajas, llamaré a la policía.

—Haga lo que quiera —fue la respuesta de Bapuji, quien se sentó con toda tranquilidad, renuente a pasarse a la sección de tercera clase, para no blancos.

Aquel individuo se bajó del tren, volvió con un policía y un empleado del ferrocarril y los tres echaron literalmente a mi abuelo. Con sonrisas de suficiencia arrojaron después su equipaje e hicieron señas para que el tren se pusiera en marcha.

Mi abuelo pasó la noche sentado en el frío andén de esa estación mientras temblaba y pensaba qué quería hacer.

"Siempre ha sido un misterio para mí que algunos hombres puedan sentirse honrados por la humillación de sus semejantes", escribió más tarde.

Siempre ha sido un misterio para mí
que algunos hombres puedan sentirse honrados
por la humillación de sus semejantes.

Quizás aquella larga noche en el andén hizo comprender por primera vez a Bapuji que debes decir lo que piensas. Acceder a las expectativas de otros no te vuelve feliz ni íntegro ni vuelve mejor al mundo. Pocos días después de ese incidente él comenzó a denunciar la discriminación racial en una forma que inspiró a la gente a reaccionar. Empezó a escribir sobre las dificultades de los indios en Sudáfrica y condenó las políticas discriminatorias del Estado.

Cuando regresó a Sudáfrica años después, ya era famoso por su firme posición contra el *apartheid*. Llegó al puerto junto con dos cargamentos de trabajadores indios. El gobierno sabía que habría problemas, porque los blancos querían impedir la entrada de inmigrantes y estaban furiosos con mi abuelo porque apoyaba los derechos de todas las personas. Así, no permitió que nadie desembarcara durante casi dos semanas. Cuando por fin mi abuelo bajó del barco, una turba lo golpeó tan salvajemente que le causó una profusa hemorragia en la cabeza. En grave riesgo de muerte, se abrió paso hasta la casa de un amigo, donde lo esperaban su esposa y sus hijos (mi padre entre ellos). Él sabía que señalar las injusticias podía ser peligroso, pero en ese momento decidió que eso no lo detendría nunca. El dolor del golpe importaba menos que su propósito superior.

Este caso dio un giro adicional cuando la policía arrestó a algunos de los instigadores de la agresión contra mi abuelo. La policía le pidió que presentara una demanda para que fuera posible levantar acusaciones. Él declinó.

—Tendré que dejarlos en libertad —dijo el sorprendido jefe de la policía.

—Está bien —aceptó mi abuelo.

Entendía que, si colaboraba en su encarcelamiento, sería culpable de perpetuar el odio. Quizá si ellos se enteraban de que no creía en la violencia ni la venganza, replantearían sus acciones. A veces se habla más fuerte cuando no se grita.

Tras su retorno a la India, Bapuji empezó a usar un taparrabos de algodón y una manta en los hombros en lugar de camisa y pantalones porque, dijo, no tenía derecho a poseer más que los más pobres de ese país. No ensalzaba la pobreza ni era ingenuo con el dinero; recolectaba lo más que podía cada vez que viajaba, para darlo a quienes lo necesitaban. No obstante, comprendía la diferencia entre las necesidades básicas, que importan en la vida de la gente; y el lujo, que no importa.

Mis padres seguían la filosofía de Bapuji y cuando era chico me animaban a jugar con los hijos de los muy pobres peones negros que vivían cerca de nuestro ashram Phoenix. Ésa era una forma de pronunciarse contra las distinciones económicas y de ayudarme a poner en perspectiva la riqueza. Aunque aquellos niños no tenían juguetes, juntos buscábamos cajas de cerillos y botones de camisas y los pegábamos para hacer cochecitos. Sacábamos tierra negra y arcillosa del arroyo cercano para hacer figurillas. Nos divertíamos produciendo cosas y apreciábamos los juguetes que hacíamos. Hoy muchos niños reciben sin cesar nuevos objetos de plástico y se hartan de ellos en uno o dos días.

Mis padres creían que el juego debía ser constructivo, así que cuando empecé a ir a la escuela les enseñé a mis amigos de las granjas el abecedario y a hacer cuentas. En cuanto aprendí a leer, les enseñé a hacerlo también. Les abría de este modo un mundo totalmente nuevo y ellos esperaban con ansia mi regreso a casa todos los días. Los niños estadunidenses pueden quejarse de que la escuela es aburrida o pesada, pero para esos chicos tan pobres que ni siquiera podían soñar en que algún día estudiarían, aprender era un milagro.

Corrió la voz y pronto padres africanos llegaban de todas partes a pedirme que instruyera a sus hijos; algunos recorrían hasta quince kilómetros con sus hijos descalzos para arribar a nuestro ashram. Eran tantos los que iban a aprender los rudimentos de lectura y matemáticas que mi hermana tuvo que ayudarme y luego mis padres se involucraron. En poco tiempo teníamos una auténtica escuela para los pobres. Yo vi que era injusto que la gente quisiera aprender y cambiar de vida sin tener a nadie que le ayudara y mis lecciones vespertinas se volvieron protestas contra el sistema; seguía el precepto de Bapuji de ser el cambio que quieres ver en el mundo. Puedes hablar con tus actos tanto como con tus palabras.

Conforme al ejemplo de Bapuji, mis padres habían jurado ser pobres, así que sólo teníamos lo indispensable y ningún ahorro. Sin embargo, en comparación con los africanos negros a nuestro alrededor, vivíamos muy cómodamente.

Mi madre descubrió su propia manera de condenar la desigualdad que nos rodeaba y sus acciones fueron elocuentes. Como nuestras vacas producían más leche de la que consumíamos, ella empezó a vender a los pobres la leche extra, que cobraba a un centavo el medio litro. Cobraba también un centavo por los vegetales extra de nuestra granja y por la ropa que recolectaba entre sus amigas de la ciudad. Cuando tuve edad suficiente para saber que sus precios eran ridículamente bajos, le pregunté por qué, en cambio, no cobraba nada en absoluto.

—Si cobro un poco, reconozco la dignidad de las personas y las hago sentir orgullosas de haber comprado alimentos o ropa para su familia —explicó.

La movía la compasión, no la lástima, y quería ayudar a la gente a reforzar su confianza y respeto por sí misma para que hiciera cosas ella sola. Actuar por compasión es mucho más efectivo que actuar por lástima; también nos permite forjar relaciones con diferentes tipos de personas. Mi madre defendía la dignidad de los pobres, al igual que mi abuelo.

Él hacía una salvedad en lo tocante a decir lo que se piensa: no permitía que nadie, ni siquiera él mismo, creyera estar siempre en lo cierto o que no tenía nada que aprender de la perspectiva de otro. La vida en el ashram había sido ideada para ayudar a la gente a superar los prejuicios y divisiones y fomentar la comprensión, la aceptación y la apreciación de las diferencias entre los seres humanos.

Bapuji pensaba que para hablar con credibilidad contra la injusticia y tener la esperanza de transformar a la sociedad uno debía hablar por experiencia y sentir la injusticia en la médula de sus huesos.

Decir lo que juzgas correcto puede ponerte a veces en una posición incómoda. Cuando yo regresé a vivir a la India en mi edad adulta, empecé a estudiar la discriminación porque me interesaba la insensatez con que fijamos divisiones entre las personas. Un día, una mujer de Misisipi que viajaba por la India me visitó en mi oficina en Mumbai y hablamos de la cuestión racial en Estados Unidos. Yo pensaba que sería valioso escribir un estudio comparativo sobre la discriminación en Sudáfrica, la India y Estados Unidos. En Sudáfrica había aprendido que, si no eras blanco, eras negro, y por tanto diferente. Mi nueva amiga de Misisipi me dijo que en su país la división racial enfrentaba a los individuos de ascendencia africana esclava con los estadunidenses blancos. En la India no empleábamos el color de la piel para determinar diferencias entre las personas, pese a lo cual el sistema de castas dictaba a qué grupo se pertenecía y dividía a la gente en grupos como brahmanes o intocables.

La University of Mississippi me ofreció entonces una beca para hacer ese estudio intercultural de la discriminación y mi esposa y yo nos mudamos a Estados Unidos. Descubrí, con honor, que muchas personas querían saber más de Bapuji cuando se enteraron que el nieto de Gandhi se hallaba en ese país. Un año después, en 1988, se me invitó a dar una conferencia en la University of New Orleans. Esta institución publicitó la charla y había carteles por todas partes que invitaban a la gente a oír hablar a "Gandhi sobre el racismo". Por casualidad, ese mismo año David Duke, conocido racista y miembro del Ku Klux Klan (KKK), contendía por un puesto en la Cámara de Representantes de Luisiana.

Cuando aterrizamos en Nueva Orleans, cuatro policías subieron al avión y por el altavoz se oyó:

—Señor Gandhi, pase al frente.

Me levanté titubeante. ¿Qué había hecho? Los policías no me dijeron qué pasaba, aunque uno de ellos me indicó:

—Es por su seguridad.

Con dos agentes frente a mí y dos atrás, fui bajado del avión y subido a un coche que me llevó a la universidad. Ahí me explicaron al fin que la institución había recibido varias amenazas telefónicas del KKK, entre ellas planes para matarme.

Decidimos no cancelar mi conferencia. Se me separó del público —las primeras filas del auditorio permanecieron vacías— y salí al estrado a último momento. Más tarde me llevaron de prisa al aeropuerto, donde me mantuvieron en una sala VIP resguardada por esos mismos cuatro policías. Al final fui trasladado al avión como último pasajero e instalado en un asiento de primera clase que la aerolínea había reservado para mí. Los agentes me dirigieron un rápido saludo y se fueron.

Ese día aprendí que decir lo que piensas puede causar trastorno, temor y conflicto mucho antes de conseguir el cambio que deseas. A veces es más fácil agachar la cabeza y no hacer ruido; comer la calabaza cocida y suponer que hacer lo mismo que los demás es más inofensivo y menos complicado. Pero mi abuelo jamás habría actuado así. Al paso de los años fue golpeado, agredido y encarcelado y sufrió ocho atentados contra su vida. En una ocasión el presunto homicida fue atrapado por voluntarios, aunque Bapuji se negó a entregarlo a la policía; en cambio, entabló una conversación con él para saber por qué quería matarlo. Casi una hora después Bapuji aceptó que ese individuo se negaba a razonar y cambiar, así que lo dejó ir y le dijo: "Te deseo buena suerte. Si he de morir por tu mano, nadie podrá salvarme; si no he de hacerlo, nunca lo conseguirás".

Bapuji estaba dispuesto a hacer frente a sus adversarios e ir a la cárcel por sus creencias. Obtenía su fuerza personal de su deseo de hablar contra un sistema que consideraba equivocado y usó métodos no violentos para transformarlo.

Algunas personas podrían pensar que mi abuelo llevaba una vida de extrema privación; después de todo, no comía mucho, vivía en una choza de adobe y usaba ropa de pobres. Con toda la admiración y renombre que alcanzó, podría haber vivido en la mansión con los asistentes que yo esperaba ver cuando llegué al ashram Sevagram. En cambio, descubrió lo que era importante y vivió con pasión y compasión. Defendía los valores universales de la bondad, el amor y la paz; y abogar por esa postura justa y correcta lo hizo más feliz de lo que habría podido hacerlo un banquete en un palacio.

Algunos dirían que David Duke también defendía sus creencias cuando hacía comentarios racistas e incendiarios y que tenía derecho a decir lo que decía; la ley estadunidense protege la libertad de expresión. No obstante, creo que nos engañamos cuando pretendemos que todas las posiciones son igualmente válidas. Las personas que están llenas de odio y discriminación, los abusadores que quieren suprimir las ideas de todos menos las suyas, causan pesar y desesperación al mundo. Nuestra meta debe ser oponernos a ese odio.

Mi abuelo era tímido de joven y en los inicios de su activismo evitaba pronunciar discursos. Me contó que su timidez resultó serle útil porque ponía más cuidado en lo que decía. "Un hombre de pocas palabras rara vez será irreflexivo al hablar; medirá cada término", me dijo.

Un hombre de pocas palabras rara vez será irreflexivo al hablar; medirá cada término.

Te exhorto a seguir el ejemplo de mi abuelo y a reflexionar en lo que dices. Piensa si tus palabras ayudarán al mundo o lo perjudicarán. Cuando descubras las palabras que le harán bien, prepárate para proclamarlas a voz en cuello.

Lección tres

Aprecia la soledad

Dondequiera que viajaba, Bapuji era asediado por personas que lo aclamaban e interpelaban. Yo ignoraba que eso era abrumador hasta que hice con él un viaje nocturno en tren a Mumbai. Me emocionó formar parte de su reducido séquito y estar ahí me hizo sentir muy especial. Aunque él insistió en viajar en tercera clase, la compañía le concedió un vagón extra sólo para nosotros. Así, pese a que no teníamos cojines y nos sentamos en las mismas bancas duras que la mayoría de los pasajeros, el vagón estaba a nuestra entera disposición.

Cuando llegamos a la primera estación me asomé por la ventana y vi que los cientos de personas que abarrotaban el andén pronunciaban el nombre de mi abuelo y extendían los brazos para tocarlo. Una oleada de voces empezó a corear: "¡Viva Gandhi!", y yo sentí una avalancha de orgullo que me hizo deleitarme en el reflejo de su gloria. Aunque él fue humilde siempre, yo no dominaba eso todavía. Tantas personas lo admiraban y ahí estaba yo, ¡sentado junto a él en la misma banca! La adulación me hizo estremecer, pero cuando me volví hacia él vi que el reconocimiento no le importaba. En cambio, agitaba la mano, le hablaba a la gente y por la ventana del tren sacó una bolsa de tela para recolectar dinero destinado a los pobres. Todos donaron algo. Cuando una mujer le dijo: "No tengo dinero", él señaló la pulsera de plata que llevaba y repuso con una sonrisa cordial: "Con eso bastará". Y en efecto, aquella mujer depositó la pulsera en la bolsa.

Al dejar la estación, Bapuji suspiró y regresó a su trabajo. Sin embargo, en la estación siguiente se había reunido una multitud más grande aún y la misma escena se repitió. Aunque ya era medianoche, muchedumbres emocionadas aparecieron en todas las estaciones siguientes de nuestro trayecto. Los pasajeros que querían subir o bajar se abrían paso a duras penas entre las agitadas multitudes. Bapuji reiteró en cada parada sus saludos, palabras y recolección de dinero. Pronto me di cuenta de que la adulación era maravillosa pero también agotadora; no había paz para él ni para nadie más en ese tren.

En mis posteriores travesías con Bapuji descubrí que, a cualquier hora del día o de la noche, multitudes entusiastas se reunían para recibirlo. Si viajaba en coche, la gente flanqueaba las carreteras kilómetro a kilómetro y lo saludaba, lloraba y lo llamaba por su nombre. Las rutas no se anunciaban y en ese entonces no había redes sociales, por supuesto. De hecho, la mayoría de la gente vivía en aldeas sin teléfono, así que ignoro cómo sabía cuándo pasaría mi abuelo por ahí, pero una fuerza misteriosa la atraía sin cesar.

Por razones políticas, Bapuji apreciaba el amor que se le prodigaba. Sabía que miles e incluso millones de personas estaban dispuestas a seguir sus indicaciones y hacer cualquier sacrificio que les pidiera. No obstante, comprendí pronto que la adulación tiene un precio. Fuera del ashram, él no hallaba nunca paz ni soledad. Cada vez que visitaba ciudades de la India millares de personas se congregaban en la calle, coreaban su nombre y esperaban varias horas para avistarlo siquiera. En cuanto él aparecía y hablaba o agitaba la mano, el gentío se dispersaba, sólo para ser reemplazado rápidamente por otro. A Bapuji le gustaba acostarse a las nueve de la noche, porque se levantaba a las tres de la mañana a meditar y comenzaba en pleno su día con las oraciones de las cinco. Pero la gente permanecía en las calles y reclamaba su presencia hasta altas horas de la noche, así que a menudo él dormía muy poco. Aunque este ritmo implacable era exasperante, Bapuji nunca perdía la calma ni se rendía.

Muchas personas sueñan con ser famosas e imaginan que celebridades como George Clooney y Angelina Jolie celebran en secreto que admiradores y fotógrafos las acosen constantemente. Piensan que sería fabuloso estar bajo los reflectores y tener millones de fans. Después de viajar con Bapuji, yo mismo me sentí una celebridad y eso era divertido a menudo; te sientes importante y estar en el lado receptor del amor y la aclamación alimenta tu ego. Sin embargo, entiendo también por qué algunas estrellas imploran privacidad o se retiran a islas privadas, comunidades cerradas o detrás de setos en Hollywood Hills; por más que estar bajo la mirada pública les beneficie, necesitan tiempo en privado para volver a centrarse.

Hoy los medios vuelven celebridades a personas que son populares por razones poco obvias. Tienen millones de seguidores en las redes sociales y publican fotos en las que aparecen en una alfombra roja con un vestido cubierto de lentejuelas o en las que se pavonean en una playa exótica enfundadas en un diminuto bikini. De vez en cuando yo señalo la foto de portada de una revista y pregunto: "¿Qué ha hecho ella?", sin que nadie pueda contestarme. Atraer multitudes y seguidores ha sido siempre un subproducto de la carrera de actor, político o altruista. Estas personas tienen un claro propósito en la vida y el renombre que acompaña a eso es simplemente algo con lo que se debe lidiar. Pero quienes únicamente persiguen la fama tienen un vacío en su vida que esperan llenar con aclamaciones que alimenten su ego. En lugar de alcanzar el éxito gracias a su talento, esfuerzo o ideales importantes, son famosos por el solo gusto de serlo. A diferencia de las auténticas celebridades, no buscan nunca la soledad porque no tienen necesidad de renovar su energía.

Bapuji no tenía un equipo de publicistas y asesores que lo protegieran ni setos detrás de los cuales esconderse. No obstante, después de exhibir su faceta pública se refugiaba en Sevagram. Aunque podría haber situado su ashram en otra parte, eligió un sitio remoto en el centro de la India. Mi larga caminata desde la estación del tren el día de mi arribo me hizo saber lo complicado que era llegar allá y Bapuji no lo volvía más fácil; incluso pidió al gobierno local que *no* estableciera una ruta de autobuses desde Wardha, la ciudad más cercana. Quería que sólo llegaran al ashram las personas con intenciones serias, no nada más las interesadas en darle un vistazo al famoso Gandhi.

No es indispensable que seas una estrella de cine o un Mahatma ("sabio") para que necesites soledad; ésta es decisiva para todos los que poseemos un verdadero concepto de nosotros mismos. Mi abuelo solía decir en broma que sólo hallaba momentos de silencio en dos lugares: el ashram y la cárcel. Para él, preservar la soledad personal era un medio para avivar la paz interior. Buscar un lugar al que puedas retirarte es crucial en el agitado y a menudo abrumador mundo de hoy. No es forzoso que sea un sitio especial; bastará con que pases una hora en tu habitación sin distraerte, permanezcas un rato acurrucado en la cama o escribas tus pensamientos en un diario.

Todos debemos ser capaces de hacer un balance de nuestra vida, meditar y reflexionar, si queremos crecer como individuos. Después de dedicar un poco de tiempo personal a pensar y practicar la introspección, podrás vincularte plenamente con otros en forma más significativa.

Cada lunes era un día de silencio en el ashram y Bapuji lo aprovechaba para ponerse al corriente en sus escritos. Los demás días no quería sólo un silencio pasivo; creía en la reflexión y la meditación activas. Se retiraba con frecuencia a su rueca, porque la concentración física que ésta requería le permitía meditar. Yo me volví muy bueno para hilar cuando estuve en el ashram y a veces retaba a Bapuji para ver quién avanzaba más rápido. A él no le molestaba competir. "Arun me vence ahora sistemáticamente cuando hilamos", les escribió encantado a mis padres.

Aunque en ocasiones yo lo convertía en un juego, ese periodo dedicado a hilar y meditar era importante para ambos. A mí me gustaba estar en silencio y podía pasar solo varias horas. Mi abuelo alabó este rasgo en una carta en la que escribió a mis padres: "Guardar silencio es algo que todos debemos aprender de Arun".

Muchos padres creen hacerles un gran favor a sus hijos si los mantienen ocupados. Llenan su tiempo después de clases con partidos de futbol y prácticas de tenis, clases de ballet y entrenamiento de gimnasia, lecciones de piano y violín. Los niños pasan de una actividad a otra, pero nunca tienen tiempo para pensar, jugar y descubrir quiénes son ellos mismos cuando se les deja solos. Pese a que todo este enriquecimiento puede ser bueno, los padres deberían pensar de vez en cuando en darles también a sus hijos el don de la soledad.

Muchos mantienen en la edad adulta el patrón de una vida programada en exceso y se jactan de todo lo que hacen en un día y lo poco que duermen. Ser multitareas se ha vuelto parte de la experiencia diaria y tener una vida que marcha a paso veloz sin tiempo para hacer una pausa, reflexionar y recuperarse es, muy a menudo, la norma. Este problema es viejo. Mi abuelo tenía un amigo alemán que una vez llegó a visitarlo y aseveró que era un pecado dormir un tercio de la vida. Bapuji tuvo una respuesta inmediata: "¡Dormir un tercio de la vida añade un tercio a la existencia!".

Él no creía que necesitáramos una vida más rápida, sino más apacible. Las computadoras, los teléfonos inteligentes y las apps digitales han aumentado el ritmo de nuestra vida y no es de sorprender que las ventajas que ofrecen tengan inconvenientes. Podemos estar en contacto inmediato con personas que están a miles de kilómetros, pero las largas cartas descriptivas que antes escribíamos, llenas de detalles de nuestra familia y circunstancias, han sido reemplazadas en su mayoría por cortos y prácticos correos electrónicos. ¿De veras alguien cree que comunicarse a través de ellos mejorará las relaciones humanas y aportará comprensión y paz?

Pese a que las redes sociales nos brindan amigos y seguidores, nuestros contactos suelen ser más fugaces de lo que creemos. No podemos buscar consuelo ni ayuda en "amigos" a los que sólo conocemos por una foto en Facebook y es improbable que convenzamos a la gente de un tema importante, como la discriminación y la tolerancia, si exponemos nuestras razones en un tuit. Las relaciones dispersas no contribuyen a una sociedad cohesionada.

Sin embargo, también es un error condenar completamente las tecnologías actuales. Si se les usa correctamente, las mejores comunicaciones a nuestra disposición pueden conducir a cambios positivos. Hace un par de años participé, con mi amigo Deepak Chopra, en una conferencia de paz en Berlín. Mientras él escuchaba los discursos, se ocupaba también en su teléfono inteligente y de vez en cuando anunciaba al público: "Este mensaje acaba de llegar a dos millones de personas". Me dio mucho gusto que mi amigo tuviera dos millones de seguidores en Twitter y otras redes sociales; tuitear acerca de iniciativas de paz es sin duda mejor que muchos de los demás usos de las redes sociales.

Sé que mi abuelo habría usado Twitter, Facebook y otras redes sociales, así como en su tiempo usó los programas de radio para comunicar su mensaje. Pero no cambiaremos el mundo oprimiendo el botón de "Me gusta" en un texto publicado en internet. Las redes sociales sólo son útiles si nos incitan a actuar. Se dice que la Primavera Árabe fue organizada en las redes sociales. La represión era común en todo Medio Oriente y cuando alguien movió las brasas comenzaron a volar chispas. Las personas salieron a la calle, se relacionaron cara a cara y empezaron a producir el cambio que deseaban. Por desgracia, esas mismas herramientas se utilizan para inducir a la gente a hacer el mal. Los medios afirman que algunos jóvenes árabes participan en atentados suicidas porque se les promete que habrá racimos de doncellas a su espera en el otro mundo. Aunque no pienso que los jóvenes musulmanes crean cierta esta ridícula teoría, la combinación de regímenes represivos, estrictas reglas religiosas y prejuicios ha vuelto tan intolerable la vida en sus países de adopción que ellos prefieren morir. Mi única esperanza es que el mensaje de paz —así se difunda por radio, televisión o Twitter— sea en última instancia más eficaz que los mensajes de odio y desesperanza.

La gente no ha estado nunca más interconectada que ahora, pero a veces parece que nunca ha estado más sola. Cuando yo viajaba con Bapuji, conversábamos o cada uno se hacía acompañar por sus pensamientos. En otras palabras, nos relacionábamos directamente o nos dábamos tiempo para disfrutar de nuestra soledad, asomarnos por la ventana y estar con nosotros mismos. Hoy las personas dedican cada momento libre a mirar su teléfono inteligente, así que no están solas ni realmente enlazadas con otros.

Cuando Bapuji estaba con la gente, la inspiraba, se relacionaba con ella y le transmitía sus ideas. Después se retiraba a disfrutar de momentos de soledad en el ashram, donde se recuperaba, se confrontaba a sí mismo y permitía que su mente se renovara en silencio. Yo he tratado de aprender esa técnica de estar siempre plenamente presente en el lugar donde me encuentro. No obstante, la tecnología puede dejarnos en un estado intermedio en el que realmente no nos relacionamos con los demás (porque estamos demasiado ocupados en nuestro teléfono) ni estamos verdaderamente solos (porque texteamos en vez de pensar). El inframundo que la tecnología genera nos deja desprotegidos.

En ocasiones, yo veo a niños sentados en restaurantes o en el parque mientras sus padres están ocupados en su teléfono. Ignoro qué puede ser tan importante en ese momento como para que los padres texteen a la oficina o a un amigo lejano, pero quien de verdad recibe el mensaje es el niño sentado junto a ellos, a quien le hacen saber que no es digno de toda su atención. Mientras miro con tristeza, pienso en lo afortunado que fui de contar con la plena atención de mis padres y mi abuelo. Pese a que personas de todo el mundo lo requerían, cuando Bapuji estaba conmigo jamás se distraía; me hacía sentir escuchado e importante. Si tus hijos tienen toda tu atención cuando la necesitan, serán más capaces de ser independientes y estar solos en otros momentos.

Bapuji creía que debíamos dedicar nuestro tiempo a buscar la Verdad, que escribía siempre con mayúscula porque la veía como la meta de la vida. Si hacemos un esfuerzo por entender la Verdad nos acercaremos a la comprensión de la esencia de la vida. Admitía que tenía apenas fugaces destellos de la Verdad, pero los describía como un brillo "un millón de veces más intenso que el del sol que vemos con nuestros ojos todos los días". Es imposible que percibamos siquiera una parte de ese fulgor si constantemente estamos distraídos o ponemos nuestra atención en lo trivial. El ruido de la conformidad ahoga al silencio de la Verdad.

Numerosos músicos y artistas aseguran que tienen impulsos creativos en momentos inesperados. Una gran idea se les ocurre en la regadera o mientras concilian el sueño. Algunos escritores tienen libretas junto a su cama para anotar en ellas las palabras e imágenes que les llegan espontáneamente durante la noche. Si bien no hay nada mágico en las camas y las regaderas, suelen ser los únicos lugares donde estamos solos y permitimos que nuestra mente divague y resuelva problemas. Yo aprendí de Bapuji que necesitamos recibir información del mundo, ver personas y tener experiencias para adquirir una visión amplia, pero también necesitamos pasar tiempo solos para dotar de sentido a todo eso.

Una vez que nos mudamos a Estados Unidos, mi esposa Sunanda y yo fundamos el M. K. Gandhi Institute for Nonviolence y más tarde el Gandhi Worldwide Education Institute. Durante muchos años me enorgulleció que se me invitara al Renaissance Weekend, retiro anual estadunidense al que sólo es posible asistir con invitación y dirigido a líderes de los negocios, la política y las artes. Conocido como el "abuelo de los festivales de ideas", a él acuden expresidentes y ganadores de medallas olímpicas y de premios Nobel. Rodeado de grandes mentes, durante talleres y charlas sobre cómo mejorar las políticas públicas, yo me sentía estimulado y reconfortado. Sin embargo, sabía que al volver a casa debía trabajar mucho para compartir esos planteamientos con otros y hacer que cobraran vida. Necesitaba equilibrar esas reflexiones externas durante mi tiempo en silencio para pensar cómo volverlas realidad.

A pesar de que el constante ronroneo de los medios, la actividad y las ideas puede hacer que nos sintamos estimulados, debemos tener cuidado de no distraernos con cosas triviales. Haga lo que haga y por ocupado que esté, intento seguir el ejemplo de renovación de Bapuji. Así, me doy tiempo todos los días para estar con mis pensamientos y meditar. Muchas personas arrugan la nariz cuando menciono la meditación y dicen algo como "Eso no es para mí". Tal vez la juzgan muy espiritual o imaginan que tendrán que ponerse una túnica y rodearse de incienso para que dé resultado. Permíteme asegurarte que para practicarla puedes ponerte unos pantalones deportivos y sentarte en una banca de un parque; lo único que necesitas es hacer una pausa y reflexionar sobre tu vida. Yo lo hago lo más seguido que puedo. Vuelco mis pensamientos hacia mi interior y considero qué es en ese momento lo más importante para el mundo y qué me gustaría lograr para mí y para otros.

Ahora que soy viejo sé que lo que más me importa es vivir de tal modo que la gente me vea como un modelo de respeto y amor. Digo que soy un *agricultor de la paz*, porque un agricultor siembra las semillas y espera a que germinen y produzcan un cultivo valioso. Yo siembro en los jóvenes las semillas de la paz y la no violencia con la esperanza de que florezcan. No pretendo evaluar mi impacto con base en el número de likes que recibo en Facebook o en la frecuencia con que mi mensaje es retuiteado. Me interesa que mi mensaje hable de lo que soy y muestre que no vivo sólo para mí.

Mi abuelo me dijo una vez: “Me siento bendecido por lo que soy y espero que tú también”. Yo me siento bendecido cada día; todos deberíamos sentirnos así. A menudo, y sea cual sea nuestra edad, cometemos el error de compararnos con quienes parecen tener más que nosotros: más bienes, más fama, más juguetes. Pero si abrimos los ojos un poco más, notaremos cuánta tristeza y privación hay ahí y nos daremos cuenta de que podemos usar nuestras bendiciones para hacer una gran diferencia.

Me siento bendecido por lo que soy y espero que tú también.

Necesitamos esos momentos de silencio y soledad lejos del bullicio de la gente y las expectativas para poner en perspectiva nuestras experiencias. Cuando nos comparamos con quienes nos rodean o con las celebridades de la actualidad, no podemos ver el panorama general. Perdemos la noción de cuál es nuestro lugar en el mundo. Hoy en día, a muchas personas se les dificulta guardar silencio; incluso yo me siento agobiado a veces por tantas distracciones: podemos escuchar música y podcasts, ver videos y navegar en internet. Los expertos afirman que en los dos últimos años se crearon más datos que en todos los siglos y milenios previos. Todo ese ruido vuelve más urgente todavía que recordemos que debemos buscar pequeños reductos de quietud.

En la actualidad suelo dar charlas en universidades, las cuales deberían ser sitios donde jóvenes de diferentes orígenes étnicos, religiones, creencias y culturas vivan y aprendan juntos. Pero por más que los directivos traten de alentar la diversidad con políticas de admisión más abiertas, los estudiantes las socavan con demasiada frecuencia. Se afilian a hermandades masculinas y femeninas cuyos miembros lucen y piensan igual que ellos o demandan zonas seguras en las aulas para no tener que pensar en cosas que podrían resultarles nuevas o desagradables.

He sabido de escuelas que ponen "advertencias de detonación" en libros y cursos para impedir que algunos estudiantes se alteren por una idea que no comparten. ¿Cómo es posible que a eso se le llame *aprendizaje*? Gran cantidad de universidades han cedido a esa estrechez de miras. La educación debe ser algo más que la adquisición de conocimientos de libros de texto y la preparación para una carrera con la cual ganar mucho dinero. Mi abuelo lamentaría lo cerrados y temerosos que se han vuelto los alumnos de muchas de las mejores universidades estadunidenses.

El concepto de soledad de Bapuji no significa alejarse de nuevas ideas o de personas que piensan diferente. Él perseguía la libre comunicación de las ideas. Escuchaba a todos y después, en los instantes que estaba consigo mismo, sopesaba todas las posturas y decidía la dirección que quería seguir. Le agradaba encontrarse con personas que tenían opiniones distintas a las suyas; pienso que le consternaría saber que hoy hay universitarios que se salen de una clase cuando están en desacuerdo con lo que se dice en ella.

En lo intelectual, un "espacio seguro" es el más peligroso de todos, porque te impide aceptar otras perspectivas y enfoques. Es un caldo de cultivo de la discriminación y los malos entendidos. Bapuji admiraría sin duda a escuelas como la University of Chicago, que insiste en que los estudiantes no deben apartarse de ideas y perspectivas diferentes a las suyas.

Tu mente debe ser una habitación
con muchas ventanas abiertas; permite que entre
la brisa por todas, pero no te dejes llevar por ninguna.

"Tu mente debe ser una habitación con muchas ventanas abiertas", me dijo Bapuji. "Permite que entre la brisa por todas, pero no te dejes llevar por ninguna." Pienso que este consejo es crucial. Aunque tienes que permitir que la brisa de la información, las ideas y puntos de vista diferentes a los tuyos entre en tu vida, éstos no deben abrumarte. Tener una mente abierta no significa aceptar todo lo que oyes, el simple acto de escuchar es lo importante.

Sé parte del mundo y absorbe todas las ideas posibles. Después, retírate al lugar donde puedes estar solo y en silencio y decide cómo las usarás para hacer un mundo mejor.

Lección cuatro

Valórate

Muchas personas tienen hoy una imagen caricaturesca de mi abuelo como un santo que renunció a todos los bienes materiales y usaba muy poca ropa. Pero he aquí una sorpresa: comprendía el valor del dinero tanto como cualquier otro. Creía que la solidez económica sería una de las claves para la libertad de la India, porque sabía que la independencia nacional no tiene sentido si un individuo no puede valerse por sí solo ni mantener a su familia.

En el ashram no había distinciones económicas y vivíamos con extrema sencillez. Todos participábamos por igual en las labores domésticas, desde el trabajo en el huerto hasta la limpieza de los inodoros, y nos sentábamos en el suelo a comer, estudiar y conversar. Cuando comíamos nadie nos servía y llevábamos nuestros propios platos, tazones, vasos y utensilios, que después lavábamos. Nadie se sentía privado, porque todos estábamos en las mismas condiciones. Bapuji comprendía que la mayoría de los seres humanos necesitamos muy poco para ser felices. Nos metemos en dificultades cuando nos comparamos con los demás y pensamos que lo que tienen es mejor, y quizá que vale la pena luchar por obtenerlo. Mi abuelo creía que poner fin a las disparidades económicas sería un gran paso para reducir la violencia en el mundo. No puedes predicar la no violencia, como lo hacía él, sin reconocer la ira que la desigualdad causa.

Aunque Bapuji llevaba una vida simple, se reunía con algunas de las personas más importantes del mundo. En 1930 viajó a Londres para asistir a la primera Conferencia de la Mesa Redonda organizada por el gobierno británico para hablar del futuro de la India. Como de costumbre, vistió en esa ocasión las prendas hechas de telas de fibras naturales y tejidas a mano, llamadas *khadi*, que él mismo había promovido en beneficio de los agricultores rurales más pobres del país. El movimiento khadi echó raíces y ya tenía influjo en la industria textil británica. Puesto que al hacer su khadi muchos indios daban muestras de independencia, los británicos ya no podían comprar a bajo precio la totalidad del algodón de la India y venderlo después convertido en ropa cara hecha con máquinas.

Cuando los participantes en esa Mesa Redonda fueron invitados al palacio de Buckingham, mi abuelo llegó a la cita cubierto con su taparrabos y su manta. Pese a que los ayudantes de la corona le indicaron que ese atuendo no era apropiado para reunirse con el monarca, él se limitó a sonreír y dijo que, si el rey Jorge no lo aceptaba con su vestimenta de siempre, se retiraría. Los reporteros se enteraron de la noticia y la difundieron a los cuatro vientos. "¡Gandhi asiste en taparrabos a la recepción real!", proclamó un encabezado. Les encantó la idea de que él haya cruzado las alfombras de color carmesí del palacio de Buckingham vestido con un khadi y calzado con gastadas sandalias. El rey Jorge se presentó ataviado con el traje formal de saco y pantalones a rayas mientras que, junto a él, la reina María lució un deslumbrante vestido plateado. Cuando se le preguntó si se había sentido mal vestido con un taparrabos en presencia del monarca, Bapuji contestó en broma con una frase que se volvería célebre: "No, el rey llevaba suficiente ropa por los dos".

Mi abuelo no creía que fuera un error querer el éxito económico, sino excluir de él a los demás. Si bien no le interesaba el dinero para sí, era realista y sabía que sus proyectos necesitaban financiamiento. Así, ideó un plan: cada vez que salía, miles de personas le pedían su autógrafo. Sus sesiones de oración daban cabida a todos, de tal forma que a ellas solían asistir numerosos grupos de hindús, musulmanes, cristianos, judíos y budistas que lo admiraban y querían su firma. Él se dio cuenta de que si cobraba por cada autógrafo la simbólica cantidad de cinco rupias (menos de diez centavos de dólar de hoy) podía recaudar dinero para sus programas sociales y educativos.

En el primer viaje que hice con él se me encomendó recoger el dinero y las libretas de autógrafos y llevárselas a Bapuji para que las firmara. ¡Me dio mucha emoción! Estar cerca de él y contribuir a un gran propósito me hacía sentir muy importante.

En aquellos días previos a las selfies y las cámaras en los teléfonos, los autógrafos de los famosos eran raros y especiales, y algunos muy valiosos. Así, luego de varios días de colecta decidí que yo también quería tener el autógrafo de mi abuelo. Sin embargo, no tenía dinero y no sabía si Bapuji haría una excepción para mí; me dije que como le había ayudado mucho, no perdía nada si lo intentaba. Tomé varias hojas de colores, las corté al tamaño de una libreta de autógrafos y las engrapé. Después de las oraciones, esa misma noche deslicé mi pequeña y desaliñada libreta en el montón que le llevé a mi abuelo y me quedé a un lado mientras él procedía a firmarlas, con la esperanza de que al calor del momento no notara nada extraño.

Pero no fue así. Él era muy meticuloso con cada moneda que recibía; necesitaba dinero para hacer su trabajo. Cuando llegó a mi libreta y vio que no había dinero en ella se detuvo.

—¿Por qué no hay dinero para este autógrafo?

—Porque es mi libreta, Bapuji, y no tengo ni un centavo.

Sonrió.

—¿Así que quieres engañarme? ¿Por qué necesitas un autógrafo mío?

—Porque todos tienen uno —respondí.

—Bueno, como puedes ver, todos pagan el suyo.

—¡Pero tú eres mi abuelo, Bapuji! —supliqué.

—Me da gusto serlo, pero una regla es una regla. Si todos tienen que pagar, tú debes hacerlo también; no hay excepciones para nadie.

Esto lastimó mi ego, ¡quería ser especial! Así que solté:

—Haré que me des un autógrafo gratis, ¡ya lo verás! ¡Aunque me lleve mucho tiempo!

—¿De veras? —sus ojos brillaron y él rio—. ¡Vamos a ver quién gana!

El juego dio inicio entonces. En las semanas siguientes empleé todas las estrategias que se me ocurrieron para inducir a mi abuelo a que me diera un autógrafo. Mi técnica favorita era irrumpir en la sala cuando él se hallaba en reuniones con altos funcionarios y líderes mundiales, agitar mi libreta frente a él y pedirle que la firmara. Un día entré corriendo a una reunión y anuncié ruidosamente que necesitaba su firma de inmediato. En lugar de enojarse, me acercó a su pecho, puso su mano en mi boca y continuó su conversación. El político importante con el que hablaba nos miró asombrado, sin saber qué pensar de nuestra escena. Creí que mi abuelo cedería para evitar un contratiempo, pero debí haberlo pensado dos veces antes de retar a un hombre que había enfrentado al Reino Unido.

Nuestra contienda prosiguió varias semanas. Uno de los invitados de alto nivel de Bapuji se irritó tanto con mis interrupciones que en esencia adoptó mi causa.

—¿Por qué no le da el autógrafo para que se vaya y deje de fastidiarnos? —inquirió exasperado.

Bapuji no iba a permitirle que determinara el curso de nuestra relación.

—Éste es un reto entre mi nieto y yo —contestó tranquilamente—. No es necesario que usted intervenga.

Nunca perdió los estribos ni me ordenó salir de la sala. Controlaba muy bien su ira, pese a mis intentos de provocarlo.

Para apaciguarme, en una ocasión escribió "Bapu" en una hojita y me dijo:

—Ahí está tu autógrafo.

—¡Eso no basta! —declaré.

—Es todo lo que puedo darte —afirmó con la misma persistencia que mostraba en todas las cosas.

Comprendí poco a poco su mensaje. Días después caí en la cuenta de que nunca recibiría su autógrafo gratis y dejé de hostigarlo. No obstante, en vez de sentirme derrotado me sentí orgulloso. Sabía que nuestra pequeña contienda no había sido en realidad por un garabato de tinta, sino que Bapuji la había aprovechado para darme una lección sobre el valor. Como él había decidido que su firma valía cinco rupias, debía valer eso para todos; si me la regalaba, reduciría su propio valor. Nuestro desafío me enseñó también que, aunque yo no tuviera cinco rupias, poseía gran valor. Mi abuelo me trataba con el mismo respeto que mostraba por jefes de Estado; no me menospreciaba frente a ellos ni me consideraba una distracción; mis necesidades eran tan reales como las de los demás e igualmente dignas de atención.

A pesar de que nunca me dio su autógrafo, Bapuji me hizo un regalo mucho más grande: dedicar una hora al día a hablar conmigo y escucharme. Estaba tan ocupado que yo no sabía cómo podía darse tiempo para mí, aunque resulta que con disciplina puedes lograr mucho más de lo que crees. Me pidió que escribiera mi horario —el cual incluía tiempo para estudiar, jugar, hacer las labores domésticas del ashram y orar— y lo pegara en la pared para que hiciera constar que cada minuto de mi vida era muy valioso.

Él me ayudó a ver que cada persona posee un valor especial. Destilaba amor y respeto por todos, jóvenes y viejos, ricos y pobres; yo terminé por entender lo importante que es apreciar nuestro valor como individuos. A veces nos preocupa que otros sean mejores que nosotros y olvidamos qué nos vuelve valiosos para el mundo. En cuanto nos sentimos seguros de nosotros mismos, podemos reconocer y honrar el valor de quienes nos rodean, sea cual sea su nivel social o el poder que las normas del mundo les atribuyan.

Algunos especialistas en la vida de mi abuelo lo han descrito como contrario al progreso y el dinero, pero ésa es una interpretación inexacta de sus valores. Estimaba el dinero por lo que podía hacer para acabar con la miseria y ayudar a la gente a salir de una situación desesperada. No obstante, no lo consideraba la medida del valor de una persona. Nunca (¡jamás!) pensó que alguien que vistiera ropa cara y volara en primera clase fuese más importante que quien vestía harapos y dormía bajo un puente. Yo he visto fotos de él con su khadi en compañía de jefes de Estado del mundo entero. Los grandes líderes aparecen ataviados con ornamentados uniformes, relucientes joyas y sombreros altos; en mi opinión, francamente son ellos los que parecen ridículos. Bapuji no necesitaba un atuendo recargado para que el mundo supiera de su valor.

Si tú usas el dinero y los bienes materiales para definir tu valor, al final podrías sentirte vacío. Yo siento lástima por alguien que trata de impresionarme con un automóvil de lujo o una casa gigantesca, porque sé que en el fondo siente que le falta algo; ni siquiera todas las cosas del mundo llenarían ese vacío. Por otro lado, con demasiada frecuencia veo a personas que se consideran fracasadas porque fueron despedidas de su trabajo o tienen dificultades para pagar la renta. Temen que sus amigos ricos las subestimen y les avergüenza no tener más. Es preciso que distingamos entre nuestra autoestima y las *cosas* que adquirimos.

Aunque las personas de éxito que reciben grandes sueldos tienen todo el derecho de sentirse orgullosas de sus logros, cometen un error si piensan que la magnitud de su cuenta bancaria es una medida razonable de su valor. De hecho, quizá sea justo al revés. "El materialismo y la moral tienen una relación inversa entre sí", creía Bapuji. "Cuando uno aumenta, la otra disminuye." Con esto no quería decir que fuera inmoral ganar dinero o que hubiese algo inherentemente honorable en ser pobre; sólo condenaba la atención en los bienes materiales sin tomar en cuenta nada más. Si el dinero significa algo para ti, trabaja mucho y gana mucho, pero recuerda que hay otro paso después de eso.

El materialismo y la moral tienen una relación inversa entre sí; cuando uno aumenta, la otra disminuye.

Algunos de mis hijos y nietos han hecho suya la causa familiar de la no violencia y ayudan a los demás. Nuestra familia incluye ahora a activistas y profesionales de todo tipo y yo estoy muy orgulloso de todos ellos. Mi nieto que vive en la India es abogado y defiende a mujeres que son objeto de tráfico de personas, mientras que mi nieta se sirve del videoperiodismo para realzar el trabajo de organizaciones poco conocidas en aldeas indias. En Estados Unidos, uno de mis nietos es un médico bondadoso y trabajador, en tanto que otro, al que también admiro mucho, es director ejecutivo de una renombrada sociedad de inversión en Los Ángeles; pese a que recibe un sueldo mayor del que yo soñé nunca, es muy caritativo y comprende sus obligaciones con el mundo. Como ya dije, no se puede usar el dinero como medida del valor de una persona en ningún sentido.

Bapuji sabía que muchas cosas importantes —como la erradicación de la pobreza y de la discriminación o la prestación de mejores servicios de salud— requieren del dinero. Jamás tomó nada para él, pero no temía pedir apoyo para sus causas. Yo intenté usar ese modelo cuando llegué a Estados Unidos y tuve la idea de fundar un instituto para la no violencia. Mi esposa Sunanda y yo hablamos del asunto y entre más imaginábamos los talleres, seminarios y conferencias que podríamos ofrecer, más nos emocionábamos. Pensamos que era lógico que tal instituto se situara en un campus universitario y yo les escribí a varios presidentes de universidades para exponerles nuestro plan. Nadie contestó; quizá pensaron que la idea era demasiado descabellada o tiraron el sobre a la basura sin abrirlo siquiera.

Finalmente, un colega me puso en contacto con el presidente de la Christian Brothers University, en Memphis, Tennessee, con quien me reuní y nos ofreció con entusiasmo una casa por la que no tendríamos que pagar renta y espacio para oficinas en el campus. ¡Fue maravilloso! Me emocioné mucho pese a que él dejó muy claro que esa universidad no tenía dinero para financiar nuestro instituto; nosotros tendríamos que encargarnos de eso. Acepté sin saber cómo haría realidad mi sueño.

Pasé muchas noches sin dormir mientras intentaba resolver cómo conseguir el dinero que necesitaba. Tenía imágenes de mi abuelo sacando la bolsa de tela por la ventana del tren para recaudar fondos para sus buenas causas y que cobraba cinco rupias por su autógrafo. ¡Su autógrafo!

De repente se me ocurrió que tenía en mi poder algo muy valioso: una pila de cartas manuscritas, guardadas en una caja en mi casa, que nos había escrito a mis padres, a mis hermanas y a mí.

Aunque el gobierno indio ya contaba con copias de ellas, los originales se deterioraban cada vez más, porque yo no tenía medios para preservarlas de forma apropiada. ¿Debía permitir que mis sentimientos se impusieran y conservarlas hasta que se hicieran pedazos? Eso parecía un error. Sabía que resultarían valiosas para un museo o un coleccionista y que venderlas me proporcionaría el dinero del que precisaba para promover la causa de la no violencia. La respuesta a la pregunta "¿Qué haría Bapuji?" parecía obvia.

Tras establecer contacto con la casa de subastas Christie's, se me envió una estimación de ciento diez mil dólares; mi sueño se volvía realidad poco a poco. Un querido amigo (y asesor legal) me ayudó a registrar el M. K. Gandhi Institute for Nonviolence como una organización de beneficencia. Yo no quería que se pensara que usaría para mí un solo centavo de los ingresos de la venta, así que le pedí a Christie's que subastara las cartas y transfiriera directamente el dinero a nuestro flamante instituto.

La venta se anunció y esa misma noche mi teléfono en Misisipi sonó a las dos de la mañana. Contesté adormilado y me sorprendió enterarme de que se me llamaba de la oficina del presidente de la India; al parecer, se había desatado un escándalo. Antes de que yo pudiera decir una palabra el secretario privado del presidente me acusó de que comercializaba el nombre de mi abuelo e insistió en que suspendiera la subasta. A pesar de que intenté explicar mi plan, quizá no me di a entender a esa hora; colgué cuando me di cuenta de que no conseguía hacerme oír.

Al día siguiente el presidente de la India emitió una declaración a la prensa en la que me denunciaba por explotar el nombre de Gandhi. Esto me hizo enojar, mientras que recibir cartas ofensivas de toda la India me alarmó. Mis noches de insomnio volvieron con creces; necesitaba que el espíritu de mi abuelo me orientara, pero no oía su voz.

Un día, a altas horas de la noche, reflexioné sobre la creencia de Bapuji de que todas las personas poseen el mismo valor y en que, frente a un dilema, él preguntaba a menudo a la gente qué hacer. Me puse en contacto entonces con *The New York Times* y les pedí si podía enviar un artículo de opinión en el que explicara mi problema y les pidiera consejo a los lectores. Lo titulé "¿Qué debo hacer?".

Cuando ese artículo se publicó, la respuesta fue abrumadora; más de noventa por ciento de las personas que se tomaron la molestia de contestar dijeron que apoyaban mi plan. Muchos periódicos indios reprodujeron el artículo del *Times* y pronto la dirección de la corriente cambió. La gente me elogiaba de súbito por seguir el verdadero espíritu de Gandhi; personas que me habían criticado con ferocidad ahora me loaban y aprobaban mi esfuerzo.

Sin embargo, la controversia ahuyentó a muchos posibles compradores y cuando la subasta tuvo lugar las cartas rindieron sólo la mitad de lo que se había estimado. En un irónico giro final, descubrí que el comprador había sido el gobierno indio, mismo que había rechazado mi previa oferta de venderle esa correspondencia.

Bapuji creía que cada uno de nosotros está dotado con talentos especiales y que es nuestro deber utilizarlos no sólo para nosotros mismos, sino también para aumentar nuestra fuerza en beneficio de los demás, ahora y en el futuro. Un anuncio de una joyería muy fina proclama que nadie posee en realidad un reloj de esa marca; será para las nuevas generaciones. No sé mucho de cronómetros costosos, pero sí que ese concepto se aplica también a los más profundos valores que poseemos. Bapuji solía decir que no importa cómo adquirimos nuestros talentos —a través de nuestros estudios, una familia solidaria o el trabajo intenso—, no *somos* sus dueños sino sus depositarios. Serán transmitidos por nuestros actos y mediante lo que hagamos por los demás; y deberían usarse en favor de otros tanto como de nosotros mismos.

Hace unos años guié a un grupo de muchachas y sus profesores de Wellesley College en un viaje a la India; quería que conocieran algunas de las buenas obras que estaban en marcha ahí y la enorme diferencia que una persona puede hacer para agregar valor a vidas empobrecidas. El primer día visitamos proyectos habitacionales en Mumbai y luego viajamos de noche, en tren, a una pequeña ciudad erigida en torno a la industria azucarera, donde otro proyecto daba esperanza y ayuda. Viajamos varios días y conocimos a personas inspiradoras, pese a lo cual nuestro hospedaje fue siempre muy simple. Hicimos largos recorridos en autobús por carreteras polvorientas y la mayoría de los hoteles no tenían regaderas, sólo cubetas de agua caliente y fría para ser vaciadas sobre el cuerpo y asearse. Después de un tiempo, las jóvenes empezaron a reclamar una cama cómoda y una regadera decente para lavarse el cabello.

Por fin llegamos a una gran ciudad con un flamante hotel de cinco estrellas. Como promoción nos ofrecieron habitaciones a mitad de precio, que aceptamos con gusto. Mientras esperábamos en el ornamentado vestíbulo a que las habitaciones estuvieran listas, el entusiasmo de las jóvenes estudiantes hizo explosión. ¡El lujo las aguardaba! Tomaron sus llaves y se fueron a disfrutar de comodidades de las que habían carecido durante muchos días.

Treinta minutos más tarde alguien tocó a mi puerta y me asombró ver a varias estudiantes ahí, con cara de angustia.

—Señor Gandhi, nos gustaría cambiarnos a un hotel menos lujoso —dijo una de ellas.

—¿Por qué? Pensé que estaban muy contentas de estar aquí.

—Las habitaciones son bonitas, pero las ventanas dan a casuchas en las que vive gente que no tiene nada. Eso es contrario a todo lo que aprendimos esta semana. No es justo que tengamos tanto cuando ellos tienen tan poco.

Aunque aprecié su compasión, les dije que nos quedaríamos. Las imágenes que les causaban tanto pesar podían ser también una experiencia de aprendizaje.

—Lo normal es que vivamos cómodamente y no tengamos una ventana a la otra mitad del mundo. Esta noche ustedes no podrán ignorarla, como no deberíamos hacerlo nunca. Quizá los marcados contrastes que ahora ven permanezcan en ustedes, y cada vez que en el futuro piensen en ellos les recuerden la necesidad de actuar.

En ocasiones es difícil saber qué hacer frente a los grandes problemas del mundo. Esas alumnas no podían ir a aquellas barracas a invitar a la gente hacinada ahí a que pasara la noche con ellas en el hotel. No obstante, reconocer las desigualdades es el primer paso para eliminarlas. O tal vez el primer paso sea *preocuparse* por las personas que viven en las barracas al otro lado de la calle y reconocerlas como individuos con dignidad y valor. Aquellas estudiantes ya no veían a los pobres como un grupo imperceptible al que podían pasar por alto o ignorar. Ahora reconocían que cada persona sería tan feliz como ellas si dispusiera de una cama blanda y una regadera con agua caliente.

Yo admiro a las personas que, como Bill Gates, no creen que su riqueza las haga mejores que los demás. Uno de los principios básicos de la Bill and Melinda Gates Foundation es que "Toda vida vale igual que las otras". Esta institución respalda cada día ese lema con programas para potenciar a las personas más pobres del mundo. Ayuda a transformar vidas ofreciendo servicios de salud y educación y persigue que cada vez más niños "sobrevivan y prosperen". Aunque puede que Bill Gates sea uno de los hombres más ricos del mundo, sabe que su verdadero valor no lo miden las ganancias en su declaración de impuestos. Muestra lo rico que es cuando se preocupa por los que tienen menos.

Bapuji solía hablar de la necesidad de compartir con los demás nuestros talentos y nuestra buena suerte y sé que le habría gustado conocer a Bill Gates y darle las gracias por sus buenas obras. También habría mostrado gran respeto por las corporaciones que exhiben un sentido de responsabilidad en el mundo, que va más allá de los precios de sus acciones y los rendimientos para sus accionistas. Un ejemplo que conozco de cerca (aunque sé que hay muchos más) es el de Tata Group, con sede en Mumbai. Se trata de uno de los conglomerados más grandes de la India, con unas treinta compañías que hacen de todo, desde automóviles y acero hasta café y té. Fundado en 1868 por la familia Tata, que lo dirige desde entonces, mantiene un compromiso con lo que a mí me gusta llamar "el capitalismo compasivo". En lugar de vivir como reyes, los Tata optaron por la modestia; cada año destinan una relevante porción de sus ganancias personales y corporativas a ayudar a los más pobres en la India para que tengan agua limpia, mejores condiciones agrícolas y la posibilidad de estudiar. En la ciudad de Jamshedpur, donde se encuentra Tata Steel, la compañía abastece de casi todo lo necesario a sus trabajadores. Hace unos años, un ejecutivo explicó en son de broma que los Tata son tan generosos en la provisión de servicios públicos, vivienda, coches y recursos locales (incluso están a cargo del zoológico y el hospital) que "lo único que tienes que traer es a tu esposa" (quizás ahora a tu esposo).

Los Tata son zoroastrianos, miembros de un antiguo movimiento religioso iniciado en Persia (el moderno Irán). Como suele ocurrir con las religiones, los adeptos de ésta sufrieron una persecución terrible cuando los de otra subieron al poder, de modo que en el siglo VII muchos huyeron del país. A la costa oeste de la India llegó un barco lleno de refugiados, quienes pidieron al rey en una audiencia que les permitiera quedarse. Éste señaló en la mesa un vaso lleno de agua y dijo:

—Así como ese vaso está lleno de agua, mi reino está lleno de personas; no tenemos espacio para alojarlos.

En respuesta, el líder de los refugiados vació en el agua una cucharada de azúcar y la revolvió.

—Así como esta azúcar se ha disuelto en el agua y la ha endulzado, mi pueblo se disolverá en la comunidad y la endulzará —repuso.

El rey comprendió y permitió que se quedaran; desde entonces, la presencia de los zoroastrianos ha dulcificado a la comunidad india.

Todos los que escuchan esta bella historia sonríen ante la idea del vaso de agua endulzada, pese a que se trata sin duda de algo más que una historia. La primera respuesta del rey es la que gente en todo el mundo pronuncia ahora cuando encara a los refugiados, los pobres o personas de diferente religión, raza u origen étnico. ¿Por qué no podemos aceptar que cada comunidad podría beneficiarse de un poco de azúcar y otros condimentos?

Piensa en tu valor en ese vaso de agua, y que tu principio en la vida sea hacerte cargo de endulzarlo siempre.

Lección cinco

Las mentiras son un caos

Bapuji padecía de presión alta y creía sólo en las curas naturales. Durante mi estancia a su lado, partió por un tiempo a una clínica de sanación natural, a cargo de un médico en la ciudad de Poona, de aire puro y clima templado. Me llenó de emoción que me llevara consigo. Aunque él estaba ahí por motivos de salud, personas importantes llegaban frecuentemente a consultarlo.

Una mañana, después de las oraciones y el yoga, me senté en los escalones de la clínica a disfrutar de la fresca brisa de la mañana y el aroma de las flores. Estaba perdido en mis pensamientos cuando, de repente, alguien se me acercó por la espalda y me rodeó los hombros con los brazos. Me volví y para mi sorpresa vi que se trataba de Jawaharlal Nehru, quien más tarde sería el primer premier de la India independiente. Para entonces ya era muy famoso en todo el mundo y se le consideraba el segundo en importancia en la India después de mi abuelo. Era la primera vez que yo lo veía en persona y me impactó mucho; me había acostumbrado a convivir con Bapuji, ¡pero ahora conocía a Nehru!

—Buenos días. ¿Te gustaría acompañarme a desayunar? —me preguntó.

—¡Sí, claro! —respondí. Me paré, intenté tranquilizarme y juntos nos dirigimos al comedor sin que él apartara su brazo de mí.

Cuando nos sentamos a la mesa examinó el breve menú y me preguntó qué quería desayunar.

—Lo mismo que usted —solté.

—No, yo desayunaré un omelet y no creo que tu abuelo quiera que comas eso —replicó. Sabía que Bapuji era un vegetariano estricto y no comía huevos ni pescado y supuso que a mí se me había educado también como vegetariano. Aunque tenía razón, yo quería impresionarlo y de súbito me pareció muy importante desayunar lo mismo que él.

—No le importará —afirmé con aplomo.

Nehru respetaba demasiado a mi abuelo para arriesgarse a ofenderlo, así que me dijo que tendría que obtener su permiso antes de ordenar.

Me levanté de un salto y corrí a la habitación de mi abuelo. Sostenía en ese momento una seria conversación con Sardar Patel, quien pronto sería viceprimer ministro de la India independiente. Sin embargo, el desayuno me pareció entonces mucho más importante que el destino de mi país.

—¿Puedo desayunar un omelet, Bapuji? —pregunté con animación.

Él me miró asombrado.

—¿Alguna vez has comido huevos? —me interrogó.

—Sí, los comía en Sudáfrica —contesté. Era una mentira flagrante, que resbaló por mi lengua con gran facilidad.

—Está bien, hazlo —me dijo.

¡Mentir era tan fácil! Corrí de vuelta con Nehru y anuncié que mi abuelo no tenía ninguna objeción en que yo desayunara un omelet.

—Me sorprende —dijo, aunque de todas formas ordenó el omelet para mí. Yo sentí que ese desayuno era un gran triunfo. No puedo decir que los huevos me gustaran en particular, pero había bastado una pequeña mentira para que pudiera compartir con Nehru lo que me parecía un desayuno sofisticado.

Semanas después, Bapuji y yo estábamos en Mumbai con miembros de la familia Birla, industriales muy ricos de la India, quienes nos invitaron a quedarnos en su opulenta mansión. Ésta era tan lujosa y diferente al ashram que yo apenas podía creer que estuviéramos ahí. Dediqué una tarde a explorar los jardines, que daban a las inmensidades del océano Índico. No me di cuenta de que mis padres llegaban y subían al primer piso para visitar a Bapuji. Luego me enteré de que la primera pregunta que él les hizo fue si yo comía huevos en casa, a lo que ellos contestaron: "¡Por supuesto que no!".

Fantaseaba en el jardín cuando mi pariente Abha, que viajaba también con Bapuji, dio conmigo.

—Bapuji quiere verte en su habitación. Más vale que vayas de inmediato, porque estás en un gran aprieto —dijo.

—¿Qué hice? —pregunté incrédulo; había hecho un enorme esfuerzo por practicar una conducta modelo.

—No me lo preguntes a mí —respondió y se encogió de hombros.

Entré a la mansión y me sorprendió que mis padres estuvieran ahí, arrodillados y con la cabeza inclinada. No voltearon cuando llegué. Todos estaban muy serios. Pensé brevemente en lo pequeño que se veía Bapuji en esa inmensa habitación dorada, pese a que su fuerza no procedía de su estatura.

Me hizo una seña para que me acercara y me sentara junto a él. Puso su brazo alrededor de mis hombros.

—¿Recuerdas ese día en Poona en que me preguntaste si podías desayunar un omelet? —inquirió—. Me dijiste que ya habías comido huevos en el pasado y te lo permití. Acabo de preguntárselo a tus padres y me dijeron que nunca te han dado huevos, así que ahora explícame a quién debo creerle.

Sentí que el corazón me latía muy fuerte. No quería que Bapuji perdiera su fe en mí, de tal forma que pensé rápido.

—Comíamos pasteles y pastas en casa, Bapuji, y creo que se hacen con huevos —repuse con seriedad.

Mi abuelo me miró un instante mientras sopesaba mi idea y estalló después en una sonora carcajada.

—¡Serás un buen abogado, hijo mío! Aceptaré esa explicación, ahora vete a jugar —dijo y me palmeó la espalda.

Salí a toda prisa de la habitación para evitar las miradas de todos. Había sido absuelto, pero la angustia del encuentro permanecía en mí. Pienso en ello todavía, tantos años después. Aunque mentir suele parecer, de momento, el curso más fácil, cuando mentimos a otros nos engañamos también a nosotros mismos. Podemos obtener mucho más si enfrentamos la verdad desde el principio. Ese día en Poona yo fingí ante Bapuji que desayunar un omelet no era nada del otro mundo para mí, así que también me lo dije a mí mismo. Rara vez pensamos de manera informal: "Hoy seré una persona terrible y mentiré". En cambio, nos convencemos de que, por una u otra razón, lo que hacemos está bien. Nos escondemos la verdad a nosotros mismos tanto como a los demás.

No mentir es difícil porque requiere que reconozcamos y admitamos nuestros deseos. Cuánto mejor habría sido para Bapuji y para mí si, al correr hasta él esa mañana en Poona, yo hubiera admitido que nunca antes había comido huevos, pero que creía que era el momento de hacerlo. Podría haber explicado que pensaba que ya tenía la edad suficiente para decidir por mí mismo si ser o no un vegetariano estricto. Podría haber confesado el impacto que Nehru ejerció en mí y hablado de eso con Bapuji también.

Muchos de nosotros mentimos cuando nos sentimos frustrados por no tener el control de nuestra vida. Esta condición es común entre niños y adolescentes, de quienes se espera que sigan las reglas que los adultos fijan. Hace poco oí a un muy inteligente niño de diez años que negociaba con sus padres cuánto tiempo más podía quedarse en su computadora. Pese a que acababa de aprender a codificar y le emocionaba terminar un proyecto, sus padres insistían en que ya era hora de acostarse. Cuando se le agotaron los argumentos fundamentados ("¡Estoy justo en medio de algo!"), recurrió a verdades a medias ("¡Mi maestra me pidió que hiciera esto, aunque me llevara toda la noche!"). Los padres pueden ayudar a sus hijos a no mentir si tratan los deseos de éstos con franqueza y respeto.

También es importante que no incurran en mentiras sólo porque decirlas es más fácil que decir la verdad. Cuando ponen el ejemplo de mentir sobre cosas pequeñas ("La inyección no dolerá"), sus hijos aprenden que ésa es una técnica aceptable.

Muchas personas —niños y adultos por igual— recurren a las mentiras cuando se sienten indefensas, ya que piensan éstas las harán más fuertes. Sin embargo, lo común es que te hagan más débil. Por lo general te exponen a meter la pata, como me ocurrió a mí con el omelet. Pero aun si nadie descubre la tergiversación de los hechos, tu victoria lo es nada más a corto plazo. Al mentir socavas tu concepto de ti mismo y erosionas el poder que quieres alcanzar. Creerás que sólo puedes tener éxito si presentas al mundo una cara falsa.

Muchos incurren en algún momento en la mentira, aunque esperan poder superarlo y conseguir suficiente fe en sí mismos para decir la verdad. Comprendo qué es lo que empuja a los niños a mentir, pero es triste que los políticos caigan en esa misma red y ofrezcan una mentira tras otra. Su vanidad se vuelve mucho más importante que la integridad de la postura que querrían asumir. Pese a que desean que se les elija, no pueden dirigir nunca, porque son débiles e inseguros hasta la médula.

Cuando se sabe que mi abuelo se convirtió en una persona increíble, es fácil concebirlo como un ser humano perfecto que resistía todas las tentaciones y no se desvió nunca de la más absoluta honestidad. No obstante, nadie es perfecto. Bapuji sabía que las mentiras son una debilidad muy humana. De joven tuvo sus propias experiencias de engaño; quizá por eso me perdonó tan fácil en el asunto de los huevos.

Cuando tenía doce años, Bapuji cayó en una trampa que muchos chicos encuentran irresistible: sentirse atraído por lo prohibido. Para él, eso incluía la carne y los cigarros. Veía fumar a la gente y pensaba que emitir bocanadas de humo era muy sofisticado. Al principio fumaba las colillas que encontraba; luego quiso comprar cigarros indios y hurtaba monedas en casa para poder hacerlo. Sin embargo, el atractivo de los cigarros desapareció pronto. Mucho antes de que alguien supiera que fumar es malo para la salud, él declaró que era una práctica "bárbara, sucia y perjudicial". No le gustaba viajar en trenes en los que la gente fumaba; decía que se asfixiaba.

Su consumo de carne también implicó subterfugios, aunque por una causa un poco más noble. Obsesionado con la libertad de la India pero de escuálida complexión, Bapuji se preguntaba cómo podría defenderse de los británicos, quienes eran mucho más robustos y valientes que él. Una burlona ronda infantil de esos días afirmaba que los británicos eran fuertes porque comían carne y los vegetarianos hindús jamás podrían competir con ellos. El mejor amigo de Bapuji era un musulmán que compartía esa visión. "Si quieres ser fuerte y fornido como los británicos y echarlos de la India, tienes que comer carne", le decía a mi abuelo.

Así, Bapuji decidió adoptar una dieta secreta de consumo de carne a fin de aumentar de peso. Engañar a sus padres requirió complicadas maquinaciones. Su amigo y él se escabulleron a un lugar tranquilo junto al río para que probara la carne por primera vez. No le gustó y después tuvo incluso terribles pesadillas, pero decidió no dejarla. Durante casi un año, su amigo musulmán le cocinó carne de cabra y otras, y él devoraba sus cenas a escondidas. Las mentiras llevaron a más mentiras. Una vez llegó a casa después de una de sus cenas clandestinas y no tenía hambre como para comer en casa, afirmó que le dolía el estómago. Incluso le robó a su hermano una pieza de oro para comprar más carne.

Tanto misterio lo hacía sentir mal. Y pese a toda la carne que comió, no se fortaleció como esperaba. ¡Resulta que comer carne no te vuelve más fuerte que llevar una dieta vegetariana balanceada! Así pues, decidió renunciar a la carne y dejar de mentirles a sus padres.

Confesar una mentira vigente es difícil y Bapuji se debatió por un tiempo con su conciencia; no podía convencerse de hablar de frente con sus padres y optó por escribirles una carta en la que admitía su engaño y les pedía perdón. Luego dudó de entregarles la carta. Su padre había enfermado y él lo cuidaba en casa, junto con los demás miembros de la familia. Una noche cuando estaban solos reunió valor para darle la carta. Su padre leyó y releyó sus palabras y pronto los dos tenían lágrimas en las mejillas. Su padre lo acercó al fin a su pecho y susurró:

—¡Te perdono, hijo!

Bapuji recordaba con tristeza esa época. Cuando me contó esta historia, me explicó que una confesión franca, aunada a la promesa de no repetir el error, puede ayudar a que los demás confíen en ti de nuevo. No obstante, también quiso que yo supiera que mentir y evitar la verdad son conductas con las que todos nos debatimos. Las mentiras son como la arena; no pueden crear cimientos sólidos. Lo que levantas sobre ellas es frágil e inseguro. Si las acumulas, tu castillo de arena acabará por derrumbarse.

Bapuji experimentó en carne propia que es mejor lidiar con las repercusiones de la verdad que con el pesar de las mentiras. Sería maravilloso que pudiéramos aprender esa lección y apegarnos a ella de por vida, pero aun él tuvo que aprenderla varias veces. Mintió sobre los cigarros, sobre que comía carne y sobre que robaba hasta que, por fin, tras confesarle la verdad a su padre, decidió que nunca más volvería a mentir. Fue entonces cuando escribió que la Verdad posee “un brillo indescriptible un millón de veces más intenso que el del sol”.

Bapuji hacía una asociación interesante entre las mentiras y el complicado concepto de la *ahimsa*. Una de las virtudes cardinales en el hinduismo, el budismo y otras religiones, la *ahimsa* sostiene que jamás debemos hacer nada que nos perjudique a nosotros o a otros. Aunque es fácil comprender que ésa fue la base del movimiento de la no violencia de Bapuji, tiene un significado más profundo, que incluye otros tipos de daño que infringimos. Él creía que controlar nuestro impulso a mentir y engañar es mucho más difícil que renunciar a la agresión física.

Como él, yo necesité un par de rondas de mentiras antes de que resolviera con firmeza decir la verdad en toda situación, donde me encuentro y donde permaneceré. Cuando oigo cómo se distorsionan los hechos en los debates políticos, me asombra darme cuenta de que algunas personas quieren hacernos creer que la verdad es lo que ellas quieren. Pese a que la ciencia no tiene todas las respuestas, debemos basarnos en la información más certera para la búsqueda de la verdad absoluta. Si tú afirmas que el calentamiento global no es cierto, que los inmigrantes generan crímenes o que la discriminación no existe, ignoras, a propósito, la realidad y permites que se impongan mentiras de índole emocional. Aunque tengas razones personales para oponerte a la inmigración o apoyar la discriminación, sé honesto contigo mismo e identifícalas; no forjes un futuro para ti o tu gobierno sobre ese engañoso cimiento de arena. Bapuji decía que su devoción por la verdad fue lo que lo atrajo a la política. ¡Qué gran ejemplo que muchos otros podrían seguir!

Un conocido mío explica en broma que renunció a mentir porque no era tan listo para recordar todas las patrañas que contaba y qué le decía a quién; por eso no quiso complicarse más la existencia con mentiras. Cualquiera que sea tu razón, apegarte a la verdad es a la larga mucho más efectivo que pretender ser algo que no eres.

Los estadunidenses elogian a las personas "auténticas", quienes asumen una causa o posición en la que de veras creen. Yo pienso a menudo en que, con su simple manta y sus sandalias, mi abuelo logró que millones de personas lo siguieran. ¿Cómo lo hizo? Creo que la gente se sentía atraída por la verdad que había en su corazón y la autenticidad de su pasión.

La gente habla con veneración de la Marcha de la Sal, que él encabezó en 1930 como una protesta no violenta contra el régimen británico. La sal era uno de los ingredientes básicos de la dieta india, pero a los lugareños se les prohibía recolectarla o venderla y debían comprarla a los británicos. Además, pesaba sobre ella un oneroso impuesto. Mi abuelo decidió hacer de la suspensión del impuesto a la sal una parte clave de su campaña no violenta. Convencido desde tiempo atrás de que podía negociar con los británicos y animarlos a ser más justos, envió una sincera carta al virrey en la que describía los problemas e injusticias que quería corregir. El virrey le contestó en cuatro líneas que no debía infringir la ley.

"Doblé la rodilla para pedir pan y me arrojaron piedras", dijo a sus seguidores.

Anunció entonces su plan de recorrer cuatrocientos kilómetros hasta el mar Arábigo. Una vez ahí desafiaría la ley y recolectaría sal a la orilla del océano. A pesar de que casi todos en el ashram donde entonces vivía quisieron acompañarlo, seleccionó a una docena para que lo siguiera. El más joven en la marcha tenía dieciséis años; mi abuelo, de sesenta y uno, era el mayor. La mañana en que emprendieron su camino, todos en el ashram se levantaron antes del amanecer para verlos partir. Millares de personas de las ciudades aledañas se congregaron también, así como reporteros llegados de toda Europa, América y la India.

Cada día de la marcha, mi abuelo se detenía en ciudades a lo largo de la ruta y explicaba su plan, y cada vez se le unían más personas.

"Esta lucha no es de un hombre sino de millones", dijo en una ciudad en la que se reunieron treinta mil personas para escucharlo y brindarle apoyo.

Cuando un mes después llegó al mar, decenas de miles caminaban con él. Célebremente, avanzó por la playa, se agachó y separó del lodo un puñado de sal natural.

"¡Con esta sal sacudiré los cimientos del imperio!", declaró.

Había desafiado a los británicos. Sin violencia ni ira, había demostrado que es malo subyugar a la gente. Su amigo Mahadev Desai, quien estaba a su lado, relató más tarde que cuando vieron lo que Bapuji hacía en la playa, muchos otros tomaron también sal en sus manos al tiempo que reían, cantaban y oraban. Toda la India pareció reaccionar. Los británicos llegaron pronto y arrestaron a mi abuelo y a sesenta mil personas más. No obstante, el mensaje se había hecho oír y millones más continuaron la desobediencia civil. A todo lo largo de la costa, nacionalistas indios se reunían en grandes multitudes para tomar la sal. En las cárceles no había espacio suficiente para todos.

Mi abuelo no era un orador fogoso ni tenía un ejército o partido político detrás de él. Sin embargo, atrajo el apoyo de decenas de miles de manifestantes y millones de partidarios que sentían que él les decía sólo las más hondas verdades. Lo movían la honestidad y la fe profunda. Es muy difícil resistirse a eso.

Tomar la decisión de olvidar las mentiras y seguir la verdad puede cambiar tu vida, y quizá también a tu país.

Lección seis

El desperdicio es violencia

Disfruté mucho de los días que pasé en Poona con Bapuji. Aunque apreciaba la soledad del ashram, Poona era más grande que Sevagram y resultaba agradable recorrer de nuevo bazares y tiendas. Permanecimos ahí el tiempo suficiente para que él dispusiera para mí un tutor en la ciudad, y un día cuando volvía a casa después de mis lecciones vi unos grandes y hermosos lápices en el escaparate de una tienda. Miré el lapicito que llevaba en la mano y decidí que merecía uno nuevo, así que arrojé el mío sobre la hierba junto al camino.

Esa noche, durante el tiempo que compartí con mi abuelo, le dije que necesitaba un nuevo lápiz. Aunque esto no parecía nada del otro mundo, él nunca pasaba por alto nada y comentó que esa mañana yo tenía uno en perfectas condiciones.

—Era demasiado pequeño —le expliqué.

—A mí no me lo pareció, déjame verlo —repuso y tendió la mano.

—Ya no lo tengo, lo tiré —dije indiferente.

Me miró con incredulidad.

—¿Lo tiraste? En ese caso, tendrás que ir a recogerlo.

Cuando le recordé que ya había oscurecido, me tendió una lámpara de bolsillo.

—Ayúdate con esto. Estoy seguro de que si vuelves sobre tus pasos y te aplicas, lo encontrarás.

Supe que no tenía otra opción y recorrí en la oscuridad el mismo camino que había seguido en la mañana, para buscar en los arbustos y los canalones a la vera del camino. Una persona me vio y me preguntó si buscaba algo importante; pese a que me sentí ridículo, le dije la verdad: que buscaba un lapicito que había tirado ahí.

—¿Es de oro? —preguntó entre risas.

Llegué donde recordaba que había lanzado el lápiz y hurgué entre la tierra y la hierba; tardé dos horas en encontrarlo, o al menos eso me pareció. Cuando al fin lo hallé debajo de un arbusto no sentí que hubiera encontrado un tesoro; era todavía un lápiz diminuto que yo no quería. De seguro que cuando Bapuji lo viera, comprendería que no había valido la pena guardarlo y que yo tenía razón. Corrí jubiloso a casa y busqué a mi abuelo.

—Aquí está el lápiz, Bapuji. ¿Ves qué pequeño es?

Lo tomó y lo sostuvo en la mano.

—No es pequeño, puede servir un par de semanas más. ¡Qué bueno que lo encontraste! —lo puso en su mesita y me sonrió—. Ahora ven a sentarte a mi lado y te explicaré por qué te pedí que lo buscaras —me senté junto a él y me rodeó con su brazo—. Desperdiciar cualquier cosa es algo más que un mal hábito; revela despreocupación por el mundo y violencia contra la naturaleza.

Desperdiciar cualquier cosa es algo más que un mal hábito; revela despreocupación por el mundo y violencia contra la naturaleza.

Antes, yo concebía la violencia sólo en términos de golpear a la gente, así que escuché con atención.

—Debes saber que se invierte mucho esfuerzo, dinero y tiempo en hacer todo lo que usamos, incluso cosas tan pequeñas como este lápiz. Cuando desechamos algo, desperdiciamos los recursos de nuestro país y abusamos del esfuerzo de las personas que hicieron esas cosas para nuestra comodidad y uso —y agregó—: Cuando vas por la calle, ¿ves personas pobres?

—Sí, Bapuji.

—Esas personas no pueden comprar un lápiz, mientras que gente como nosotros, que podemos comprar las cosas que necesitamos, desperdiciamos muchas de ellas. Cuando consumimos en exceso los recursos del mundo, los volvemos aún más escasos para los demás.

Cuando consumimos en exceso los recursos del mundo, los volvemos aún más escasos para los demás.

—Está bien, Bapuji, comprendo —murmuré.

Iba a ponerme en pie, pero la lección no terminaba todavía.

—Tengo otra tarea para ti y para ésta necesitarás algo más que un lapicito —dijo con un brillo en los ojos.

Me pidió que tomara papel y lápiz y dibujara el árbol genealógico de la violencia. Quería que viera que nuestras acciones están interrelacionadas. Este árbol debía tener dos ramas principales, una para la violencia física y otra para la violencia pasiva. Él quería que yo analizara cada día mis actos y los de las personas que me rodeaban y añadiera al árbol las ramas necesarias. Si golpeaba a alguien o le lanzaba una piedra, tendría que añadir una rama a la violencia física. Sin embargo, quería también que estuviera consciente de los hábitos y modos de vida que lastiman a la gente, de tal forma que cada vez que viera u oyera algo relacionado con la discriminación o la opresión, el desperdicio o la codicia, dibujara una rama de la violencia pasiva.

Durante los días siguientes trabajé mucho en el árbol y cuando se lo llevé a Bapuji le enseñé con orgullo que contenía muy poca violencia física.

—¡Tengo mi ira bajo control! —le dije.

Asintió y ambos miramos después todas las ramas de la violencia pasiva que había advertido.

—La violencia pasiva es el combustible de la violencia física en el mundo —me explicó—. Si queremos eliminar el fuego de la violencia física, tenemos que reducir el suministro de combustible.

La violencia pasiva es el combustible
de la violencia física en el mundo.
Si queremos eliminar el fuego de la violencia física,
tenemos que reducir el suministro de combustible.

Mucho antes de que la gente hablara de ambientalismo y comprendiera el efecto que los seres humanos tenemos en el planeta, Bapuji reconocía que el consumo excesivo de recursos naturales por algunas personas genera desequilibrio económico para todos. Utilizado con inteligencia y compasión, el materialismo puede contribuir a una vida decorosa para cada persona en la Tierra; si, en cambio, se le emplea para explotar y abusar, genera un desequilibrio inmenso. No obstante, desde la época de mi abuelo las desigualdades no han hecho más que agravarse. El uno por ciento más rico del mundo controla hoy más de la mitad de la riqueza del planeta. Los ricos creen tener licencia para tomar lo que quieren y tirar el resto.

—Nuestra codicia y hábitos de desperdicio perpetúan la pobreza, la cual es violencia contra la humanidad —me dijo Bapuji.

Nuestra codicia y hábitos de desperdicio
perpetúan la pobreza, la cual es violencia
contra la humanidad.

Mi abuelo se oponía a desperdiciar lo que fuera, incluso un lapicito, así que difícilmente sabría qué hacer con nuestra actual cultura en la cual todo es desechable. El desperdicio se ha vuelto una parte tan esencial de nuestra vida que olvidamos sus graves consecuencias. Hasta un tercio de los alimentos que se adquieren en Estados Unidos terminan en la basura y una proporción aún mayor es eliminada por los supermercados antes de venderse. Cada año, se envían a los rellenos sanitarios alimentos con un valor de más de ciento sesenta mil millones de dólares; entretanto, millones de niños en todo el mundo se van cada noche a la cama con hambre. Mi abuelo solía decir que mientras hubiera lágrimas en los ojos de una sola persona en el mundo, la humanidad no debía descansar. La seguridad y estabilidad de cualquier civilización depende de la seguridad y estabilidad de cada individuo. Si pudiéramos frenar los excesos en compras y desperdicio ahorraríamos millones que hoy se gastan en el transporte de alimentos que van a dar a la basura y podríamos destinarlos, en cambio, a los lugares y personas que de verdad los necesitan.

Yo no entendí del todo la lección de Bapuji sobre el lapicito hasta que crecí un poco más y abrí los ojos a los desequilibrios del mundo. Podrías pensar que hacer un pequeño cambio en tu vida no resuelve nada, pero todas esas pequeñas acciones se suman. Yo siempre llevo un pañuelo en la bolsa, que uso en lugar de pañuelos o toallas de papel. Aunque quizás esto no cambie al mundo, piensa en la diferencia que podría hacer si todos lo practicáramos. Un informe estima que, si en Estados Unidos se reciclaran todas las latas de aluminio, se proveería de electricidad a cuatro millones de hogares y se ahorrarían ochocientos millones de dólares al año. ¡Eso es mucho ahorro por el solo hecho de depositar una lata de cerveza en un bote de reciclaje en vez de tirarlo a la basura!

Los estudios indican que la gente se siente bien cuando presta atención al medio ambiente. El reciclaje se ha vuelto tan popular que la mayoría de las ciudades cuenta ya con programas de ese tipo. Muchos de nosotros llevamos al súper bolsas reutilizables y cargamos envases de agua de acero inoxidable, no de plástico. En la actual economía global, una acción emprendida en un hogar en los suburbios de Indiana puede tener repercusiones en las más pobres aldeas de la India. Esto se aplica a grandes problemas, como el combate al cambio climático y la creación de mejores soluciones agrícolas para alimentar a quienes pasan hambre en todo el mundo, pero también, en un sentido muy literal, a nuestras menores contribuciones. En lugar de mandar su ropa usada al relleno sanitario, la gente opta ya por donarla. Así, no es raro ver a niños indios descalzos con camisetas con el logo de los Cubs de Chicago o los Patriotas de Nueva Inglaterra, las cuales fueron donadas por personas al otro lado del mundo.

Aunque mi abuelo creía en el poder del individuo para cambiar el mundo, yo comprendo que la gente se pregunte si sus esfuerzos personales realmente significan algo en lo global. Sabemos que los niveles de bióxido de carbono en la atmósfera aumentan más rápido de lo que previó incluso el más pesimista científico del cambio climático. En poco tiempo, el impacto en el medio ambiente podría ser devastador; sin embargo, ¿de qué sirve que trates de reducir tu huella de carbono cuando las grandes compañías, las aerolíneas y los automóviles son todavía la principal causa del problema? Quizá la mejor respuesta provenga de la madre de Bapuji, quien no fue a la escuela, pero le dio a mi abuelo un fundamento de sólida sabiduría. Conocía la antigua filosofía india y griega (más tarde convertida en ciencia) de que todo se compone de partes pequeñas y diferenciadas llamadas átomos. Le enseñó que "el átomo es un reflejo del universo". Desde el más pequeño acto hasta el más grande, lo que hacemos es un espejo de lo que será el mundo. Hazte cargo de tus circunstancias y el mundo será un lugar mejor.

Pese a que la riqueza puede resolver muchos problemas, la codicia y la insensibilidad crean muchos más. Mientras que Bapuji no necesitó más que un escritorio y lápiz y papel para inspirar a la gente y transformar el mundo, ahora la mayoría de las personas juntan bienes materiales a un ritmo alarmante. Compramos y compramos y luego no sabemos qué hacer con todo lo que tenemos. Una industria entera ha surgido en torno a ayudar a la gente a organizar lo que tiene en su casa. Libros y consultores (sí, ¡hay consultores de organización doméstica!) suelen afirmar que la primera tarea consiste en tirar la mayoría de las cosas que has recolectado, porque no las necesitas. No obstante, esto deja de lado la verdadera pregunta: ¿por qué las adquiriste?

Hacer compras —sea de zapatos, sofás o anillos de diamantes— puede producir gratificación a corto plazo, aunque el placer se desvanece pronto. Nos acostumbramos a lo que ya tenemos, así que compramos más en busca de una nueva emoción. Aun así, nada llenará el vacío en nuestro corazón.

Debemos saber que hallaremos mucha más alegría en lo que creamos que en lo que compramos y desechamos.

Cuando yo era chico y vivía en Sudáfrica, nuestra casa era de hierro corrugado y madera y se pudría poco a poco. Había grandes agujeros en la base al ras del suelo que mi papá intentaba reparar, aunque los parches no duraban mucho tiempo. No teníamos electricidad, y en esa área infestada de serpientes, los reptiles solían abrirse paso por los agujeros. A mí siempre me aterraba levantarme de noche al baño.

Tiempo después, mi papá decidió que necesitábamos una casa nueva. Compró arena y cemento para que hiciéramos los bloques de concreto para construirla. Esa perspectiva nos emocionaba tanto que todos participamos en la hechura de aquellos bloques y su horneado bajo el sol. Tardamos un año en levantar nuestra vivienda y cuando por fin nos mudamos lo sentimos como un gran logro. Por desgracia, mi abuela, la esposa de Bapuji, murió ese mismo mes; mi padre bautizó nuestra casa en su honor como Kastur Bhavan ("casa de la abuela"). Yo me sentí muy orgulloso de esa morada, porque había participado en su construcción.

Bapuji no necesitó bienes materiales para tener impacto en el mundo; nadie los necesita. La única vez que intenté darme aires presumiendo algo caro, esto resultó contraproducente en forma cómica. Ocurrió cuando mi abuelo ya había muerto y el primer ministro Nehru me invitó a desayunar a su casa.

Nehru y mi abuelo se respetaron mucho cuando trabajaron por la independencia de la India y Bapuji celebró como una gran ocasión cuando Nehru se convirtió en el primer ministro del país. Cuando mi abuelo fue asesinado, Nehru pronunció un conmovedor discurso a la nación en el que dijo: "La luz ha desaparecido de nuestras vidas y ahora reina la oscuridad en todas partes".

Yo agradecí que, pese a las presiones de su cargo, el primer ministro Nehru permaneciera cerca de nuestra familia después de que Bapuji murió y me dio mucho gusto que me invitara a desayunar. Su hija, Indira Gandhi, y su esposo estarían ahí también. (Pese a la coincidencia del apellido, él no era pariente nuestro.)

Como yo no tenía coche entonces, pensé en tomar un taxi. Pero mi tío, un acaudalado hombre de negocios, insistió en que no debía llegar a desayunar con el primer ministro en un taxi. Así, me prestó una limusina corporativa con todo y chofer. Cuando llegué, Nehru no estaba presente en el desayuno y le pregunté a Indira dónde se encontraba. Me explicó que había ayunado ese día y no le gustaba acabar antes que los demás y esperar sentado a que terminaran, así que llegaba tarde para que acabaran todos al mismo tiempo.

En el desayuno tuvimos una cordial conversación sobre mi abuelo y la política del momento. Nehru estaba enfrascado en ese tiempo en forjar una política exterior viable y crear algunas de las grandes instituciones educativas de la India. (En aquellos días no sabíamos que Indira lo sucedería en dos periodos como primera ministra.)

Más tarde el primer ministro y yo salimos a charlar mientras esperábamos nuestros coches. El suyo llegó primero; era muy pequeño e insignificante, y justo detrás llegó mi enorme limusina. Nehru conocía bien las creencias de mi abuelo y me miró asombrado.

—¿No le da vergüenza tener un coche tan grande cuando el mío es tan pequeño? —preguntó.

—No —contesté—. Ese coche es de usted y el mío es prestado.

Ambos reímos, sabedores de que los bienes materiales no nos definen, sean grandes o chicos. Lo importante para el primer ministro no era el tamaño de su coche sino el poder de sus ideas. Y la limusina corporativa de mi tío, por lujosa que fuera, no podía cambiar quien era yo.

El desperdicio de recursos que describió Bapuji era apenas el principio del problema. Es aún más escandaloso cómo desperdiciamos y explotamos a otros seres vivos para nuestro engrandecimiento. Cazadores ricos viajan todavía a África para matar, por diversión, a hermosos leopardos, leones y elefantes. Un dentista de Minnesota provocó hace unos años indignación internacional cuando mató a un león de melena negra llamado Cecil, considerado un tesoro nacional en Zimbabue; sin embargo, no enfrentó ningún cargo, porque la cacería era legal ahí. Había pagado miles de dólares por el privilegio de destruir a un magnífico animal. A pesar de que algunos países pobres promueven safaris como fuente de ingresos, eso no les da derecho a matar a esas criaturas. Aprovecharse de un país en dificultades y explotar sus recursos constituye uno de los tipos de desperdicio más violentos.

Quizá lo más triste de todo sea la manera en que desechamos a los individuos tan despreocupadamente como yo lo hice con mi lápiz. Un día de 1971, mi esposa y yo atravesábamos las muy agitadas calles de Mumbai en dirección a casa después de haber hecho una visita. Entonces como ahora Mumbai era una metrópolis sobrepoblada, repleta de personas que corrían entre mendigos sentados en las alcantarillas y vendedores callejeros. La basura que se tiraba a la calle se acumulaba a menudo en grandes montones que generaban y atraían bichos. Yo avanzaba con los ojos fijos en el suelo para no pisar algo desagradable cuando vi un paquete envuelto con una tela de colores. Me hice a un lado para seguir mi camino, pero cuando vi que se movía me detuve y llamé a Sunanda.

En medio de toda la actividad en torno nuestro, nos arrodillamos cautelosamente y desenrollamos la tela. Dentro se hallaba una escuálida niña, de ni siquiera tres días de nacida. Aunque volteamos a nuestro alrededor para ver si alguien sabía algo de ella, nadie nos prestó atención. Mi esposa se quedó a cuidarla en lo que yo iba a la tienda más próxima a llamar a la policía. Ésta tardó largo rato en presentarse, porque el caso no era una emergencia para ella; luego nos dijo que encontraba con frecuencia a bebés abandonados. Recibió de mi esposa el pequeño amasijo y dijo que llevaría a la niña a un orfanatorio oficial, la Remand Home. Yo trabajaba entonces como reportero del *Times of India*, un diario importante, y les pregunté a los agentes si podía acompañarlos; se alzaron de hombros y dijeron que sí.

Supongo que si alguien ve sufrimiento todo el tiempo, deja de notarlo, pese a lo cual me asombró llegar a esa casa y ver a docenas y docenas de bebés y niños perdidos, abandonados o sin padres. La policía me dijo que, aunque hacía intentos por hallar a los padres o parientes de los niños, las cifras eran abrumadoras y el índice de éxito, inferior a cinco por ciento. Los niños languidecían y en ocasiones morían. Me pregunté qué sería de la niña que habíamos encontrado. La supervisora de esa casa me explicó que, desnutridas y todo, las niñas tenían más resistencia que los niños y más posibilidades de supervivencia.

De todas formas, las esperanzas de esos chicos eran reducidas. El personal ganaba poco y solía robar dinero o alimentos destinados a los niños. Administrada por el gobierno, esa casa tenía al menos cierta vigilancia; en pueblos y aldeas la tasa de mortalidad en los orfanatorios era de cerca de ochenta por ciento. Si los menores sobrevivían se les lanzaba al mundo a los dieciocho años, a menudo sin un alma a la cual pedir ayuda o protección. Muchas jóvenes eran atraídas a la prostitución y ellos terminaban en pandillas en las que aprendían a cometer robos menores para pasar después a crímenes más serios.

Yo había aprendido de Bapuji que el desperdicio es violencia y el desperdicio de vidas jóvenes parecía justo el tipo de violencia pasiva que él intentó enseñarme en la aventura del lápiz. Supe que debía hacer algo. Visité numerosos orfanatorios y albergues. En uno de ellos me sorprendió ver a una pareja de cabello rubio y ojos azules que cargaba a un bebé indio. Al hablar con ellos me enteré de que eran de Suecia y habían iniciado un complicado proceso legal para adoptar al bebé que cargaban. Me presentaron a otro sueco, llamado Leif, quien había adoptado ya a un bebé indio y estaba ahí para ayudarles en el procedimiento. Necesitaban protección, porque intermediarios inescrupulosos intervenían con frecuencia para ganar dinero de los bebés.

Leif y yo permanecimos en contacto y él me convenció de que muchas otras familias suecas querían adoptar bebés, aunque necesitaban alguien honrado que les ayudara. ¿Había yo pensado en la posibilidad de involucrarme? Bapuji hubiera querido que dijera que sí.

En los doce años siguientes, mi esposa y yo hallamos un hogar para ciento veintiocho bebés, a algunos de los cuales colocamos en Suecia, a otros en la India y a uno más en Francia. Nuestras experiencias iban de lo efusivo a lo desgarrador. En cuanto conseguíamos que se asignara un bebé a una familia, se le destinaba a un orfanatorio privado durante los tres meses que tardaba en completarse la documentación legal. Esperábamos que el bebé subiera de peso y sanara; por lo general teníamos suerte, pero al menos una docena de ellos murieron. Yo no los abandonaba en este caso; a menudo los llevaba al cementerio y celebraba sus últimos ritos. Una vez recorrí las calles por varios kilómetros para llegar al cementerio más cercano, sin dejar de pensar todo el tiempo que Bapuji decía que debíamos terminar con la desigualdad en el mundo.

Las familias que recibían bebés solían emocionarse en extremo. Conocimos a una mujer india declarada estéril; encontramos para ella a una niña y se puso eufórica. Su esposo y ella nos trataron como espíritus divinos que habían llevado inmensa alegría a su matrimonio. Meses después supimos que ella se había embarazado inesperadamente y que las pruebas señalaban que daría a luz a un niño sano.

Aunque a Sunanda y a mí eso nos dio mucho gusto, no dejó de preocuparnos. A los niños se les tiene en alta estima en los hogares indios y ahora esa niña enfrentaba una doble desventaja por ser adoptada y mujer. Temíamos que se le relegara o hasta se le maltratara. Así, decidimos sostener una franca conversación con los padres y sugerirles que nos devolvieran a la niña.

"¡Es nuestra princesa!", protestó la madre. "Nos trajo buena suerte y la queremos mucho; haríamos cualquier cosa por conservarla." Su esposo y ella rompieron a llorar y vimos que estaban muy mortificados. Tuvimos que recordarnos entonces que, pese a todo el desperdicio y violencia en el mundo, aún hay mucho bien. Nos mantuvimos en contacto con los padres y nos alegró ver crecer juntos a ambos niños.

La mayoría de los padres adoptivos permanecieron vinculados con nosotros y nos mandaban fotografías de los bebés. Una excepción fue la pareja de París, que cortó todo lazo con nosotros tan pronto como recibió a su niña. Nunca contestaron a nuestras cartas y tiempo después nos rendimos y nos restringimos a pedir que estuvieran bien.

Más de dos décadas después recibí el mensaje en el M. K. Gandhi Institute for Nonviolence de que una mujer en Francia quería localizarme; yo no tenía idea de quién era ni por qué quería hablar conmigo. Llamó de nuevo y en otro mensaje me rogó que la buscara, así que lo hice. La joven, que se llamaba Sophie, me dijo que había sido adoptada de bebé, pero que sus padres no le hablaron nunca de su origen. Cada vez que preguntaba le decían: "Esa parte de tu vida no importa, olvídala". Ahora, a los veintiséis años de edad, Sophie había hurgado entre los viejos papeles de su padre y encontrado un documento con mi nombre y fechado en el año en que ella nació. Concluyó que yo quizá era su padre biológico o que al menos sabría algo de su pasado. Me buscó en Google y dio conmigo.

Comprendí que ella era la bebé que habíamos dado a la pareja francesa años atrás. Hablamos durante más de una hora y ella sollozaba mientras yo le daba los detalles que podía sobre su pasado. Hizo muchas preguntas que no pude responder, porque no tenía documentos para recordar el caso. En la India, Sunanda y yo vivíamos en un departamento de treinta metros cuadrados y no podíamos darnos el lujo de conservar documentos. Los consultores que ayudan a la gente a organizar sus cosas no habrían tenido mucho que hacer con nosotros: lo tirábamos todo en unos meses.

Sophie llamó en tres ocasiones más durante la semana. Oír mi voz le agradaba, decía, aunque en realidad quería conocerme. Planeó un viaje a Rochester, Nueva York, donde yo vivía entonces. Dos días más tarde llamó de nuevo y me explicó entre lágrimas que se había enterado de que el viaje en avión a Estados Unidos era muy costoso y ella no podía pagarlo. Sin embargo, la vida también da giros afortunados y recibí buenas noticias: se me invitó a hablar en el Festival de Edimburgo y estaría en Escocia una semana. Llegar ahí desde París era, sin duda, menos caro.

En Edimburgo pasé una semana en contacto con esa joven encantadora. Me llamaba su "padre espiritual" y ahora mantenemos contacto regular. Me alegra contarla como una de mis hijas.

Años antes había tenido una experiencia similar cuando nos reunimos con los bebés indios que se habían ido a Suecia y ya eran adolescentes. Muchos de ellos dijeron que querían mi ayuda para encontrar a sus padres biológicos. "Cada vez que iniciamos un curso escolar, oímos que todos los niños dicen de quién heredaron sus ojos y de quién su cabello", me explicó uno de ellos. "Nosotros no sabemos nada de nuestros padres, no sabemos qué heredamos de ella y qué de él." Yo no había pensado mucho en eso; la mayoría de nosotros damos por sentado esos detalles, aunque se vuelven importantes cuando se te ha negado el contacto con tu pasado.

No obstante, como a Sophie, tuve que decirles que los documentos de su nacimiento habían desaparecido —si acaso existieron— y que no sería fácil hallar a sus padres biológicos.

"Además, hay que considerar la realidad", les dije. "La madre biológica de cada uno de ustedes tomó la difícil decisión de abandonarlos con la esperanza de que tuvieran una vida mejor. Quizás ella pudo continuar sus estudios y ahora está bien. Eso es lo que ellas querrían para ustedes. Nosotros los rescatamos con buenas intenciones. En el orfanatorio podrían haber muerto antes de llegar a esta edad; ahora tienen unos padres cariñosos y algo de felicidad y seguridad. Si creen que cometimos un error y arruinamos su vida, por favor perdónennos."

Los chicos nos rodearon a Sunanda y a mí y nos abrazaron al tiempo que todos llorábamos. Una adolescente pidió nuestra autorización para que nos considerara como sus abuelos y se la dimos. Eso dio pie a que otra chica dijera encantada: "¡Esto resuelve nuestro problema! Ahora podremos decirles a todos que los vemos como abuelos".

Años después tuvimos otra reunión en Suecia; los chicos ya habían crecido y la mayoría de ellos estaban casados y con hijos. Mientras los contemplaba, pensaba en que cada individuo puede ser precioso si nos damos tiempo para apoyarlo y cuidarlo. Como cada acción se multiplica, los pequeños pasos que mi esposa y yo habíamos dado importaban ahora más de lo que creímos en su momento.

La violencia pasiva del desperdicio puede ser tan destructiva como la física. En ocasiones resulta tentador pensar: "Soy sólo una entre siete mil millones de personas, ¿qué diferencia puedo hacer?". Todos estamos unidos en una gran red. En un momento en el que prolifera la violencia —en las calles, en nuestros pensamientos y palabras, y en la política global— y en el que la paz se muestra siempre huidiza, debemos reconocer que la no violencia implica mucho más que la limitación del poder y la ira desmedida. Es mucho más sutil y debe arraigar en nuestra visión del mundo y la forma en que realizamos cada acto. Bapuji me mandó a buscar ese lapicito como una lección de que debemos "ser el cambio que queremos ver en el mundo". Si no te agrada el desperdicio y su contribución a la desigualdad, si te alarma que los altos ejecutivos estadunidenses ganen doscientos veces más que el trabajador promedio, debes empezar por asumir una postura personal.

A Bapuji le disgustaba el desperdicio de cualquier clase, pero tenía sentido del humor sobre las pocas cosas que consideraba inútiles e indignas de guardarse. Durante mi estadía con él en el ashram uno de mis deberes era abrir los sacos de correspondencia que recibía todos los días. Era una tarea importante. Mucho antes de que el reciclaje se pusiera de moda, él lo practicaba a diario. Se me enseñó a apartar cuidadosamente cada sobre para que él pudiera escribir la respuesta en el lado en blanco de las hojas y ahorrar papel.

Bapuji participó en la controversia sobre lo que haría la India para independizarse de Gran Bretaña. Cuando estaba en la Conferencia de la Mesa Redonda de 1931 para discutir el futuro de su país, un funcionario británico le dio un pesado sobre. Esa noche Bapuji leyó la carta que contenía, la cual era muy agresiva y estaba llena de afirmaciones falsas. Quitó la grapa que unía a las hojas, vio que ninguna página tenía suficiente espacio en blanco para contestar y las tiró todas.

A la mañana siguiente el funcionario le preguntó si había leído la carta y cuál era su respuesta.

—Guardé las dos cosas más preciosas de esa carta —contestó mi abuelo—: el sobre y la grapa que unía a las hojas. El resto era basura.

A pesar de que esta anécdota nos hacía reír, contenía una profunda verdad. A Bapuji le preocupaba que desperdiciáramos nuestra mente en cosas sin importancia y nos olvidáramos de examinar lo realmente valioso. No tenía tiempo para el rencor y la aspereza.

A veces pienso cuánto más habría podido hacer él si hubiera vivido un poco más. Sentía en lo profundo la necesidad de llenar cada momento con algo importante, aunque tenía la prudencia de saber que no podemos predecir cuánto tiempo viviremos. El mayor y más violento desperdicio es derrochar una parte del día. En el ashram, mi abuelo me hacía seguir un horario muy preciso y mis días, desde la hora en que me levantaba hasta que me acostaba, estaban cuidadosamente planeados. Ahora que soy viejo, comprendo mejor a qué se refería cuando me decía: "El tiempo es demasiado precioso para desperdiciarlo".

Lección siete

Sé una madre o un padre no violento

Cada vez que pienso en el periodo que pasé con Bapuji en el ashram recuerdo su cordialidad, sabiduría y amable sonrisa. Enseñaba con amor y paciencia.

Una pareja que vivía cerca del ashram un día acudió a mi abuelo en compañía de su hijo Anil, de seis años. El médico del chico había dictaminado que éste debía reducir drásticamente su consumo de caramelos, porque el azúcar le hacía mal. A Anil le gustaban los dulces y hurtaba golosinas, lo que lo enfermaba todavía más. Luego de varias semanas de disputas, la madre lo llevó con Bapuji para que lo convenciera de que dejara de comer dulces. Bapuji les dijo:

—Vuelvan en dos semanas.

La madre se mostró un tanto decepcionada e incrédula de que tuviera que esperar, pero cuando regresaron Bapuji jaló a Anil a su lado y le susurró algo al oído. Luego se dieron uno a otro la mano y la madre se quedó atónita los días siguientes cuando vio que el chico evitaba los caramelos y comía como debía. Se puso más sano y su mamá se persuadió de que Bapuji había hecho un milagro, así que regresó y le preguntó qué había hecho.

—No fue un milagro —respondió él con una sonrisa—. Yo tenía que dejar de comer dulces si quería pedirle a Anil que hiciera lo mismo. Cuando ustedes volvieron, le dije que no había comido dulces durante dos semanas y que ahora le tocaba a él intentarlo.

La idea de Bapuji acerca de la educación era distinta a la de la mayoría. Pensaba que los niños aprenden menos de los libros que del carácter y ejemplo de quienes les enseñan. Se reía del viejo consejo "Haz lo que digo, no lo que hago"; creía firmemente que los maestros deben hacer lo mismo que les piden a sus alumnos. Exhortaba a padres y maestros a "vivir lo que queremos que los niños aprendan".

Yo tenía un tutor para materias como matemáticas y ciencias, pero Bapuji sabía que las lecciones más importantes procedían de lo que observaba en él. Era un maestro paciente y bondadoso, y quería que todos lo imaginaran como un padre o abuelo del que podían aprender. Adoptó por primera ocasión este papel en 1910, cuando vivía en la Tolstoy Farm en Sudáfrica, uno de sus primeros experimentos de vida y trabajo en comunidad. Describía a este grupo como una familia en la que él ejercía el rol de padre y la responsabilidad de enseñar a los niños. En ese tiempo no pudo hallar maestros o tutores para niños no blancos, de modo que él mismo se dio a la tarea de educar a los chicos que vivían ahí.

El eficaz modelo de Bapuji de dirigir con el ejemplo podría ser de utilidad para los padres de hoy. Pese a que muchos de ellos hablan de limitar el tiempo en pantalla de sus hijos, reciben llamadas o revisan su teléfono cuando se supone que deberían dedicar tiempo a su familia. Los niños aprenden de esa forma que el teléfono o cualquier aparato electrónico es más importante que todo, ellos incluidos. Yo niego con la cabeza cuando veo a padres que devoran empalagosos pastelillos y cereales endulzados mientras insisten en que sus hijos coman frutas y verduras. Olvidan que los niños aprenden de la manera en que los adultos vivimos.

Antes de mi estancia en el ashram de Bapuji, la escuela no me había servido de mucho, porque mis maestros daban un ejemplo terrible. En vista de los prejuicios raciales que imperaban en Sudáfrica, pocas escuelas aceptaban a niños no blancos. Cuando yo tenía seis años, mis padres hallaron una escuela de monjas católicas a la que podíamos asistir, pero que estaba a treinta kilómetros de distancia, en la ciudad de Durban. Acudía a ella con mi hermana Sita, quien era seis años menor que yo. Todas las mañanas nos levantábamos a las cinco y nos preparábamos rápidamente para nuestro largo y arduo viaje. Primero cruzábamos un kilómetro y medio de campos de caña de azúcar hasta la parada del autobús, que tomábamos hasta la estación del tren, a seis kilómetros, y por último abordábamos el tren a aquella ciudad. Después nos aguardaba una caminata de tres kilómetros hasta la escuela. Al final de la jornada teníamos que hacer ese mismo trayecto de regreso.

La directora del plantel, la hermana Regis, era fría y autoritaria. Las clases empezaban a las 8:20 y si para entonces no estabas dentro del edificio, tenías que ir a su oficina, donde te golpeaba con su lustrado bastón. Mi hermana y yo fuimos enviados a esa oficina y golpeados en ella más veces de las que quisiera recordar. La hermana Regis sabía que Sita y yo debíamos tomar el autobús y el tren para llegar a la escuela y no era nuestra falta si llegábamos tarde; nos portábamos bien, nos levantábamos temprano y sus azotes eran inútiles, pero de todas formas nos los propinaba.

Todos esos violentos golpes no lograban mejorar mi actitud y ciertamente no podían ayudarme a llegar a tiempo con más frecuencia. Todo lo que eso provocaba era volverme un niño iracundo que se resistía a ir a la escuela. Ahora los psicólogos aseguran que los niños golpeados tienden a ser violentos más tarde y mi experiencia indica que eso es muy cierto. Cuando salía de la oficina de la hermana Regis con la piel escoriada por su bastón, me sentía indefenso y enojado, y lo único que quería hacer era pegarle a alguien. Que un adulto golpee a un niño no hace sino implantar un inútil ciclo de violencia.

Años después, cuando dirigí un taller para profesores en Memphis, me sobrecogió descubrir que un maestro tras otro insistían en que la mejor manera de disciplinar a los niños era golpearlos, con una regla o con la mano. Una profesora explicó que una vez que golpeaba lo suficiente a sus alumnos, aprendían a temerle, así que todo lo que tenía que hacer era mirarlos para que se comportaran. Puede que ella haya estado orgullosa de su método, pero, como en el caso de la hermana Regis, los resultados perdurables sólo eran nocivos. Además de educar a sus alumnos con violencia, esa maestra tenía que intensificar continuamente su violencia para mantener el control. Su método de enseñanza no merece el menor respeto; sus alumnos habían sido deshumanizados.

Aunque me asombró que ese tipo de enseñanza se aceptara en las escuelas de Estados Unidos, me escandalizó aún más saber que en la actualidad diecinueve entidades federativas de ese país todavía permiten el castigo físico. Las estimaciones revelan que unos doscientos mil niños son golpeados cada año en las escuelas estadunidenses por adultos en puestos de autoridad. Debemos dejar de llamar a esto "disciplina" y admitir que es violencia contra los niños. Se permite que personas con poder (maestros y directores) desahoguen su frustración y agredan a niños indefensos. Padres y maestros recurren a los golpes cuando son demasiado ineptos para manejar mejores y más sofisticados métodos de enseñanza.

Sin embargo, algunos padres que ahora rechazan la violencia física acuden a técnicas igualmente perjudiciales. Hace poco me estremeció enterarme de que un adolescente fue obligado a salir a la calle con un rótulo que decía: "Soy un abusador, toque el claxon si odia a los abusadores". En mi opinión, el verdadero abusador es el padre que impuso ese castigo. ¿Qué es abusar sino emplear tu poder para humillar a alguien que percibes como más débil que tú? Las repercusiones de este tipo de humillaciones a los niños —el uso de la violencia emocional contra ellos— pueden ser severas. Me conmocionó asimismo el caso de un padre que jaló del cabello a su hija, de trece años, para castigarla por haber enviado fotos atrevidas a un compañero de la escuela. El padre después la filmó temblando mientras le preguntaba: "¿Valió la pena?", y el video fue a dar a YouTube. Más tarde, la joven saltó de un puente y se quitó la vida.

A pesar de que son muchos los factores que contribuyen al suicidio entre los adolescentes, sin duda ese afligido padre se hace ahora la misma pregunta sobre su violencia: ¿valió la pena?

Bapuji creía que se debe educar a los niños con el empleo exclusivo de medios no violentos, lo cual es mucho más sutil que sólo evitar la confrontación física. Educar a tus hijos en un espíritu de no violencia significa llenar tu hogar de amor, respeto y un propósito común. Cuando padres y adolescentes discrepan acerca de las reglas, los primeros se sirven a veces de este argumento: "Ésta es mi casa y obedecerás mis reglas mientras vivas aquí". Eso transmite un mensaje de conflicto y hostilidad que no hace sino oponer a padres e hijos. En un enfoque no violento, unos y otros buscan un espacio común y razones para ayudarse y apoyarse. Los padres aceptan que los defectos de los hijos son quizá resultado de los suyos propios.

Yo experimenté el poder de la paternidad no violenta cuando tenía dieciséis años y mi padre me pidió llevarlo en coche a la ciudad en el auto de la familia y hacer algunas diligencias al tiempo que él asistía a una conferencia. Como vivíamos en una comunidad rural de Sudáfrica, yo no iba a la ciudad muy a menudo y me emocionó la posibilidad de explorar. Había oído hablar mucho de las películas estadunidenses y, aunque no creía que mis padres lo aprobaran, confiaba en que podría hacer todas las diligencias y escurrirme más tarde al cine.

Cuando dejé a mi padre en su conferencia esa mañana, me pidió que pasara a recogerlo a ese mismo sitio a las cinco de la tarde. Mamá necesitaba que comprara algunos víveres y me ocupara de otros menesteres, en tanto que la lista de mi padre incluía llevar el coche a servicio y un cambio de aceite. "Tienes todo el día para hacerlo, así que no deberá causarte ningún problema", me dijo.

Concluí las diligencias en un tiempo récord y dejé el coche en el taller justo a tiempo para llegar a ver una película a las dos de la tarde. Me acomodé en mi asiento, satisfecho de mi buena planeación, y caí fascinado por la película de John Wayne en la pantalla, que era tan buena como yo esperaba. Cuando acabó, alrededor de las tres y media, me di cuenta de que había función doble, de modo que estaba a punto de empezar otra película.

Tras calcular rápidamente que podía ver la primera media hora y llegar por mi padre a tiempo, me embebí tanto en la cinta (como era de esperarse) que no me moví de mi asiento hasta que terminó, a las cinco y media. ¡Oh, no! Aunque corrí al taller y recogí el coche, no llegué al centro de la conferencia hasta después de las seis.

Mi papá se mostró aliviado cuando me vio; era obvio que estaba preocupado.

—¿Por qué llegaste tan tarde? —me preguntó mientras subía al coche.

Yo estaba demasiado avergonzado para decirle cuánto me había divertido con esos violentos westerns. Podría pensarse que después de mis experiencias en el ashram y con Nehru ya sabía que no debía mentir, pero proteger nuestro concepto de nosotros mismos pesa a veces más que cualquier muestra de sentido común.

—El coche no estaba listo —respondí tras pensar una rápida excusa, aunque al tiempo que decía esas palabras vi la decepción en el rostro de mi padre.

—Eso no fue lo que me dijeron en el taller cuando llamé —dijo, pensó un momento antes de decidir qué hacer y sacudió levemente la cabeza—. Lamento que me hayas mentido. He fallado como padre por no haberte dado confianza y valor para decir la verdad. Como castigo por mis faltas, iré a casa a pie.

Abrió la puerta, se bajó y empezó a caminar. Yo descendí de un salto y corrí tras él para disculparme, pero no se detuvo. Pese a que intenté disuadirlo y prometí que nunca más volvería a mentirle, él agitó la cabeza.

—Cometí algún error. Dedicaré esta caminata a pensar cómo podría haberte enseñado mejor a conocer la importancia de decir la verdad.

Mortificado, corrí de vuelta al auto. A pesar de que no podía caminar con mi padre porque tenía que llevar el coche a casa, por ningún motivo lo habría dejado solo en la oscuridad de esos caminos rurales. Así, durante las seis horas siguientes conduje detrás de él, a la lenta velocidad de su andar, en tanto los faros iluminaban el camino. Puede que esa caminata haya sido difícil para él, pero fue una tortura para mí. Él sufría a causa de mi deshonestidad; pero en lugar de castigarme, se echó la carga a cuestas.

Mi madre nos esperaba en casa a cenar y yo sabía que estaría muy preocupada. En esos días no había teléfonos celulares y aunque habríamos podido buscar un teléfono público, era difícil hacer una llamada fuera de la ciudad. Imaginé a mi madre en la terraza con mis hermanas e intentando mirar en la oscuridad para atisbar nuestro vehículo. Era cerca de medianoche cuando vio por fin que los faros se arrastraban muy despacio hacia la casa. Supuso que nos habíamos retrasado por algún problema mecánico con el auto; fue hasta que entramos cuando se enteró de lo ocurrido.

Si mi padre me hubiera castigado, yo me habría sentido humillado en vez de culpable y la humillación habría derivado en desobediencia y venganza, o en deseo de lastimar a otro. Al usar el método no violento que había aprendido de Bapuji, me hizo su igual tanto en el problema como en la necesidad de resolverlo. El impacto de esto es intenso y duradero y produce resultados más positivos que los métodos coercitivos o violentos. El método de Bapuji ayuda a los padres a cumplir su meta de formar hijos seguros, emocionalmente inteligentes y comprometidos.

Los hijos florecen cuando se les respeta y ven que los adultos con quienes conviven no les piden hacer algo que ellos no harían. La meta es hacer de nuestros hijos personas buenas y fuertes que no sean víctimas del mal comportamiento de otros chicos. Los noticiarios están llenos de imágenes de chicos que pelean, mientras sus amigos los miran y graban la acción en su teléfono. Bapuji no preguntaría: "¿Qué sucede con nuestros hijos?", porque la respuesta sería clara para él: no podemos culpar a los jóvenes de ser insensibles o indiferentes si no les hemos enseñado a vivir con valores positivos.

A pesar de que los padres les compran a los hijos ropa de moda y los juegos más recientes, los hijos quieren más. Así, aquéllos se quejan de que éstos no son agradecidos. Muchos menores viven en Estados Unidos en una burbuja de privilegios y nunca ven otro modo de vida. ¿Cómo pueden apreciar lo que tienen si no les es posible comparar? La gratitud surge cuando conoces el lugar que ocupas en el ancho mundo. Todos mejoramos si tenemos una sensación de vinculación con los demás.

Cuando mis dos hijos eran jóvenes querían tener fiestas de cumpleaños, como todos los chicos. Mi esposa y yo los queremos mucho y deseábamos celebrar su gran día, pero después de nuestras experiencias con la adopción de huérfanos indios por afectuosas familias queríamos que nuestros hijos comprendieran qué significa tener una familia y personas que te amen. Decidimos hacer sus fiestas de cumpleaños en un orfanatorio local, para que todos los niños pudieran celebrar y divertirse juntos.

—¿Por qué tenemos que hacer una fiesta con desconocidos? —me preguntó mi hija—. ¿Por qué no podemos invitar a nuestros amigos?

—Compartir con personas que ya tienen mucho carece de sentido —le expliqué—. Debemos darles a los que tienen menos.

Su hermano y ella no se mostraron convencidos de que ése fuera un buen plan hasta que visitamos uno de los orfanatorios. No era muy distinto de los que nos habían motivado a actuar; inhóspito y oscuro, la pintura se descascaraba en todas partes. Los niños no tenían juguetes. Algunos estaban sentados en el suelo y se mecían para consolarse. No tenían a nadie que los abrazara, los tocara o jugara con ellos. Esto impresionó mucho a mis hijos. A partir de entonces empezaron a llevar juguetes al orfanatorio. En una ocasión llevamos triciclos; los huérfanos no habían visto nunca nada parecido y ni siquiera sabían sentarse en ellos o mover los pedales.

Una vez que mis hijos hablaron con los huérfanos y pasaron tiempo con ellos, tuvieron una nueva visión de sus fiestas de cumpleaños. Compartir con quienes tenían menos que ellos parecía sensato. Estos desconocidos ya no les resultaban tan extraños.

Dado el ejemplo correcto, los niños captan al instante el poder de la no violencia. Luego de enterarme de que los maestros de Memphis creían en el castigo físico, pensé que podía inducir un cambio de actitud si impartía un curso de resolución de conflictos. Para mí estaba claro que los niños necesitaban un modelo no violento para resolver problemas que no recibían de los adultos con los que convivían. Di mi primer curso en una escuela secundaria. A los chicos les emocionó la posibilidad de aprender a ser mediadores entre iguales. Les expliqué que su función era llevar a dos personas en desacuerdo a un lugar neutral donde pudieran sentarse una frente a la otra con el mediador en el centro. Éste debía dirigir la conversación con ciertas reglas y confirmar que cada persona hablara sin enojarse y escuchara atentamente antes de contestar.

Los muchachos practicaban entre sí y aunque al principio se sintieron torpes, pronto vieron que esta sencilla técnica podía ser muy efectiva. Aprendieron que los desacuerdos pueden resolverse con respeto y sin violencia. Obtuvieron una sensación de control sobre su vida, que les hizo saber que podían manejar el conflicto sin recurrir a peleas, gritos ni rabietas. Después, supe que esa misma noche uno de los chicos llegó a casa y oyó que sus padres gritaban. Pese a que al principio se ocultó en su habitación, como solía hacerlo en esos casos, más tarde se armó de valor y salió.

—Ahora soy un mediador certificado entre pares y puedo ayudar a resolver este conflicto —anunció con valentía—. Quiero que se sienten uno frente a otro y yo mediaré.

Los padres quedaron tan impresionados por la serena sabiduría del chico que se tranquilizaron de inmediato y se disculparon con él. Hubo muchos abrazos.

Muchos de nosotros hacemos un testamento para repartir nuestro legado material: el dinero, la casa o el anillo de diamantes que queremos dejarle a la siguiente generación. Pero ¿y nuestro legado ético? Nuestro estilo de paternidad —y si damos o retenemos amor— resuena a través de las generaciones. La primera exposición de Bapuji a la paternidad no violenta y al poder del amor ocurrió con sus padres. Cuando hacía algo malo (no era perfecto, como ya vimos), ellos reaccionaban con amor y comprensión. Ya conté que les escribió una carta a sus padres en la que admitió una mentira y que su papá lloró y lo abrazó. Posteriormente escribiría de su padre: "Me ayudó a limpiar mis pecados con sus lágrimas". Si lo hubiera abofeteado, avergonzado o encerrado en su habitación, ¿mi abuelo habría sido otra persona? Un Gandhi colérico o vengativo no podría haber influido en el mundo como lo hizo. Quizá no sea exagerado afirmar que el destino de millones de personas descansa en el amor o enojo que mostramos por nuestros hijos.

A mí me parece claro que si el amor, el respeto y la compasión pueden hacer una diferencia en un hogar, también pueden tener efecto en muchos hogares. Y si es así, ¿por qué no en todo el país y el mundo? La primera semilla de vida no violenta fue sembrada en mi abuelo durante su infancia y él la cultivó a lo largo de su vida. Aunque algunas personas lo veneran ahora como un santo, él no se veía así. Se empeñaba en proyectarse como una persona ordinaria con defectos comunes que se transformaba igual que como todos podemos hacerlo: mediante el esfuerzo y la atención. Cuando yo estuve con él en el ashram, me hizo prometer que cada día me empeñaría en ser mejor. Una vez que tienes en mente esa meta, se queda en ti. Yo pienso en ella cada mañana al despertar.

Cuando Bapuji atravesó los retos normales de la adolescencia, se desvió de los buenos valores. ¡Sí, eso les pasa incluso a los más nobles entre nosotros! No obstante, en lugar de hundirse más y más en el pozo del engaño, el amor de su familia lo hizo cambiar. Hoy, muchos padres son buenos para decirles a sus hijos "Te amo", pero los padres de Bapuji expresaban su amor incondicional sin utilizar esas palabras. Para ellos, sus hijos eran primero en todas las ecuaciones de la vida, y nunca una carga o sacrificio. Él se benefició de sentir ese amor en sus interacciones diarias. En vez de quejarte de que ya no puedes ir a fiestas ni disfrutar de los placeres de la vida de soltero, brinda a tus hijos uno de los mayores regalos que les puedes dar: hacerles saber que *ellos* son ahora tu placer más genuino.

A mí me preocupa el hecho de que, a menudo, fijamos en nuestra vida diaria un modelo en el que "bueno y feliz" es menos importante que "rico y exitoso". Pese a que cuando somos padres casi todos aseguramos que queremos que nuestros hijos sean felices, cuando crecen los presionamos, y nos presionamos a nosotros mismos. Progresar en nuestra carrera o ganar mucho dinero adquiere más importancia que el tiempo dedicado en casa a cultivar el amor, la confianza y la comprensión. Los regalos caros reemplazan al amor y la atención. No insinúo que equilibrar el trabajo y la familia sea fácil para nadie; admiro a los hombres y mujeres que hacen todo lo que pueden por llevar una vida plena. Sin embargo, debemos evitar preocuparnos por los valores equivocados y poner énfasis en experiencias efímeras antes que en los beneficios y el valor perdurables.

Cuando nos mudamos a Estados Unidos y vivíamos en un campus universitario, mi esposa y yo solíamos invitar a nuestros alumnos a comer y hablar de la no violencia, el amor y la filosofía de Bapuji. Mi esposa es muy cariñosa y maternal, así que abrazaba a los estudiantes y les preguntaba cómo les iba y si había algo que debieran o quisieran decir. Una estudiante que correspondió ese gesto rompió a llorar en sus brazos. "¡Mis padres nunca me preguntan cosas así!", explicó. "Ojalá les importara tanto como a usted."

Quizá sus padres la amaban, pero estaban demasiado ensimismados y distraídos en sus necesidades para saber qué la movía e inspiraba a ella.

Mientras mi hija educaba a sus hijos en el estado de Nueva York, siguió la tradición que mi esposa y yo habíamos instituido en la India de servir la cena familiar todas las noches a las siete. Hicieran lo que hicieran, sus hijos sabían que debían estar en casa a esa hora para sentarse a la mesa en familia. Aunque esto funcionó muy bien cuando sus hijos eran jóvenes, al llegar a la preparatoria sus amigos les preguntaban por qué tenían que correr a casa cada noche. Mi hija les sugirió que invitaran a sus amigos a experimentar esa tradición familiar.

Una amiga de ellos se sentó asombrada a la mesa mientras la familia compartía historias y hablaba de lo ocurrido durante el día. Al final, admitió que era la primera vez que había estado en una cena de familia. Sus padres trabajaban y en su casa se esperaba que todos cocinaran y comieran solos. "Atacamos el refrigerador cuando llegamos a la casa y a nadie le importa lo que hagamos", dijo con lágrimas en los ojos. Tras experimentar el amor en la familia de mi hija, ella lo quería para sí.

Dado que los hijos desean mostrar su independencia, actúan como si estar con sus padres fuera una carga más que un placer. No obstante, en el fondo tienen una gran necesidad de amor y comprensión. Cuando los padres están demasiado ocupados para brindar amor, vulneran la sensación de integridad y esperanza de sus hijos.

La extraordinaria disciplina mental de mi abuelo impresionaba a muchos. Tuvo su primera experiencia con el poder de la resolución mental cuando tenía apenas cinco años. Su madre seguía la tradición hindú de hacer juramentos —lo que por lo común significaba renunciar a algo por cierto periodo— y cuando mi abuelo era un infante, ella juró en una ocasión no comer nada hasta que viera de nuevo el sol. En condiciones normales esto no habría sido nada del otro mundo, pero ella hizo esa promesa en la estación de los monzones. Bapuji recordaría después que en esa temporada el sol era cubierto por la oscuridad de las nubes durante varios días consecutivos, y si bien mi abuela no cesaba de cocinar alegremente para su familia y la acompañaba en las comidas, no probaba bocado. A Bapuji le afligía verla soportar por tanto tiempo un sacrificio tan grande. Quizás ésta fue su primera experiencia de empatía.

Una tarde se sentó junto a la ventana a pedir que las nubes se dispersaran y permitieran el paso del sol. De repente apareció un rayo de sol, y él llamó emocionado a su madre para que fuera a verlo. Sin embargo, cuando ella dejó lo que hacía y llegó a la ventana, el sol había desaparecido otra vez detrás de las nubes de tormenta. Sonrió y dijo: "Parece que Dios no quiere que coma hoy".

A pesar de que un juramento como el de la madre de Bapuji podría parecer extraño ahora, en nuestra autoindulgente sociedad, ejerció un profundo impacto en mi abuelo. Más tarde él emprendería prolongados ayunos por causas políticas que llamaron la atención de la gente en todo el mundo. Estos ayunos fueron posibles sólo gracias a que él ya había practicado su resolución mental. Cuando yo estuve en el ashram, cada lunes era día de silencio y mi abuelo solía realizar ayunos cortos para obtener disciplina y control sobre su mente y sus deseos. Todas estas decisiones procedían del ejemplo de su madre cuando era niño. Usó el poder emocional que ella le demostraba para influir en otros en años posteriores.

No siempre nos percatamos de cuánto afectan nuestras actitudes a nuestros hijos. Sienten que los amamos tanto como resienten que nos distraemos y captan las lecciones que les enseñamos con nuestras acciones diarias. Si eres padre o madre, ¿qué ejemplo les das a tus hijos que reaparecerá en su vida y experiencias posteriores? Si *tienes* padre o madre (¡todos los tenemos!), ¿qué lecciones te dieron de las que querrías librarte ahora? En ocasiones repetimos sin saberlo la violencia y vergüenza que experimentamos de niños y prolongamos de este modo un perjudicial legado que debería terminar. Podemos realizar un esfuerzo consciente por adoptar la paternidad no violenta en nuestra vida y hacerles ese regalo a nuestros hijos y al mundo.

Bapuji y su esposa tuvieron cuatro hijos, entre ellos mi padre, Malinal, que fue el segundo. Él y sus hermanos menores, Davadas y Ramdas, se empeñaron en emular a Bapuji y seguir su inclinación por la bondad y la generosidad. En cambio, el hijo mayor, Harilal, fue rebelde desde temprana edad y nunca dejó atrás sus problemas. De adulto se dio al alcoholismo y fue acusado de robo y fraude. Mi abuelo se culpó de los fracasos de su hijo y quiso ayudarlo, pero hacer penitencia por los actos de un hijo (como hizo mi padre cuando yo mentí sobre el coche) sólo da resultado si el hijo está dispuesto a escuchar y reformarse. Harilal no tenía esa intención. Pese a que Bapuji intentó acogerlo nuevamente en casa, al hijo pródigo no le interesaba volver al redil familiar. Pasó algunos años en la indigencia y el desamparo y desconfiaba de todo lo que mi abuelo hacía. Parecía dedicar su vida a buscar la forma de desprestigiar el apellido Gandhi.

En un momento dado se presentó en una mezquita en Delhi e hizo gran alarde de convertirse al islam. Mi abuelo aceptaba todas las religiones, así que tener un hijo musulmán no le habría afligido en absoluto. Sin embargo, resultó que a Harilal no le importaba ninguna religión e hizo eso sólo por dinero. En medio de las tensiones religiosas de la época, algunos pensaron que podían avergonzar a Bapuji por medio de su hijo: en esencia Harilal se había vendido al mejor postor. "Debo confesar que esto me duele", escribió Bapuji en una carta. Creía que la religión debía emerger de un corazón puro y le consternó que su hijo rebajara la búsqueda de la bondad y la verdad a una mera rebelión infantil.

Harilal fue educado con la misma bondad, amor y guía moral que mis abuelos dieron a mi padre y sus hermanos. Así, por más que yo repase este caso, no veo cómo puede culparse a Bapuji de los fracasos de Harilal. Cuando los padres han hecho todo lo que pueden y los problemas persisten, tienen que perdonarse a sí mismos. La naturaleza crea en ocasiones un temperamento negativo sin importar qué tan fervorosa y honorablemente eduquemos a nuestros hijos.

Tener una habilidad práctica puede ser importante, mas también lo es poseer una profunda comprensión del mundo. Cuando Bapuji instruía a niños como yo en el ashram, su meta era impartir sabiduría, no sólo datos. Creía que la mejor educación ayuda a lidiar con las relaciones y emociones, y enseña a forjar una sociedad cooperativa antes que competitiva. En los muchos años desde que él me transmitió su saber, algunos psicólogos y educadores se han dirigido hacia ese mismo camino de pensamiento y hablan ahora de la necesidad de "inteligencia emocional".

Bapuji me contó una vez una historia de las escrituras indias sobre un rey que envió a su único hijo al mundo para que estudiara. El chico regresó confiado en que lo sabía todo y era más sabio que los demás, pero el rey no estaba tan seguro de eso.

—¿Aprendiste a conocer lo desconocido y comprender lo incomprensible? —le preguntó.

—No, eso es imposible —contestó el hijo.

El rey le pidió que fuera a la cocina por un higo y cuando regresó le indicó que lo cortara a la mitad. Ambos miraron las numerosas y minúsculas semillas del higo.

—Corta a la mitad una de esas semillas y dime qué encuentras en ella —le dijo el rey.

Aunque el chico trató de cortarla, era tan pequeña que se le escurría entre los dedos.

—No hay nada ahí —repuso.

El rey asintió.

—De lo que tú consideras nada emerge un árbol inmenso. Esa "nada" es la semilla de la vida. Cuando aprendas lo que esa nada es habrás completado tu educación.

Bapuji tenía una paciencia infinita y se tomaba todo el tiempo preciso para instruirme y enseñar al mundo las lecciones que debíamos aprender. Conservaba la calma de cara a los trastornos y distracciones. Quería entender los grandes misterios del mundo y sabía que, sembrada en buena tierra, aun la más pequeña semilla de higo podía producir algo sensacional.

No desaprovechemos la oportunidad de comprender el mundo y de buscar las grandes verdades, más allá de lo que podemos ver y entender.

Lección ocho

La humildad es fortaleza

Muchas personas llegaban a visitar a mi abuelo al ashram Sevagram. Un día se presentó un joven que acababa de regresar de Inglaterra con un doctorado de la London School of Economics. Era un muchacho inteligente y de mente ágil que ansiaba transformar la economía india. Su padre era un prominente industrial y tanto él como su esposa eran amigos de mi abuelo y lo tenían en gran estima. Fueron ellos quienes le sugirieron a su hijo Shriman que, antes de cualquier otra cosa, obtuviera la aprobación de Gandhi.

Shriman arribó a Sevagram y durante casi media hora se ufanó de sus logros ante Bapuji, a quien le explicó cómo cambiaría la economía del país. Bapuji lo escuchó con paciencia.

—Ahora deme por favor su aprobación para que pueda ponerme a trabajar —dijo el joven.

—Tendrás que ganártela —replicó mi abuelo.

—¿Qué quiere que haga?

—Lo que todos hacemos aquí: limpiar los inodoros del ashram.

Shriman se horrorizó.

—Tengo un doctorado de la London School of Economics ¿y usted quiere que pierda mi tiempo limpiando baños?

—Sí, si deseas mi aprobación —respondió Bapuji con toda tranquilidad.

El chico salió incrédulo de la habitación. Pasó esa noche y la mañana siguiente en el ashram y participó de mala gana, junto con el resto de nosotros, en el aseo de las cubetas de los inodoros. Luego se limpió lo mejor que pudo, tallándose el cuerpo, y volvió con Bapuji.

—Ya hice lo que me pidió, ahora deme su aprobación.

—¡No te apresures! —le dijo mi abuelo con una sonrisa—. La obtendrás cuando me convenza de que limpias los baños con el mismo entusiasmo con el que quieres cambiar la economía del país.

No es que Bapuji quisiera hacerse el difícil; había percibido que Shriman se daba aires de grandeza y sabía que eso le impediría realizar cambios verdaderos. Si tú tienes un ego desmedido, te costará mucho trabajo mostrar respeto y compasión por los demás y aceptarás fácilmente las distinciones de casta y clase. Confiado en que tienes la razón, no advertirás el punto de vista de otra persona. Mi abuelo quería ayudar a los pobres y sentía que para comprender de verdad sus necesidades debía vivir como ellos. Así, la vida en el ashram era tan simple como la de los más pobres del país. De igual modo, en toda la India los miembros de la casta más baja, llamados "intocables", desempeñaban las labores más modestas, como limpiar letrinas y acarrear desechos. Bapuji sintió que, si Shriman quería transformar la economía en beneficio de todos, debía conocer sus vidas.

Aun cuando participó en las trascendentes negociaciones sobre el futuro de la India, Bapuji preservó su humildad. No la consideraba una señal de debilidad o mansedumbre, todo lo contrario; veía el daño y división que la arrogancia puede causar. Creerte mejor que los demás deriva en cólera y violencia y te impide ver la estrecha interrelación entre todos. Cuando careces de humildad, desdeñas a quienes pasan dificultades. Menosprecias a los refugiados porque ignoras que algún día podrías verte tan devastadoramente desarraigado como ellos, olvidas que no eres mejor que quien quiere escapar de una guerra o una rebelión tumultuosa... sólo más afortunado. Hoy en día, en medio de tantos conflictos entre personas de diferentes razas, clases, religiones y (cada vez más) posturas políticas, sin duda podríamos beneficiarnos de la insistencia de Bapuji en la humildad.

Hay quienes intentan demostrar su humildad y humanidad con la sugerencia de que debemos enseñar la "tolerancia" mutua. Sin embargo, creo que eso aborda el problema desde una dirección incorrecta. ¿Qué puede ser más condescendiente que "tolerar" a otro? El término mismo indica que te consideras implícitamente con más méritos que los demás, pese a lo cual te dignas a aceptarlos. Creo que Bapuji diría que la tolerancia no sólo es inadecuada; también nos enemista más. No podemos eximirnos de la responsabilidad de comprender de verdad a alguien de origen diferente al nuestro ni de ser lo bastante humildes para aceptar y apreciar las diferencias.

Durante la elección presidencial de 2016 muchos estadunidenses se alarmaron por el nivel de odio y agresión que mostró uno de los candidatos de los grandes partidos. Este individuo dedicó su campaña a denigrar a la gente y tratar de convencer a sus seguidores de que si le eran fieles también serían mejores que aquellos "otros". Sus peroratas evocaron para muchas personas a otros dictadores del mundo entero que no ofrecen soluciones reales para su pueblo y viven dentro de la cámara de ecos de su presunción. Esto no es nada nuevo; bravucones arrogantes han causado daños y estragos a lo largo de la historia. Bapuji tuvo que lidiar con muchos de ellos; creía que los que más gritan suelen ser los que tienen menos que decir. "Los tambores vacíos son los que más ruido hacen", me dijo una vez con una sonrisa. Quienes tienen verdaderas ideas, soluciones e integridad no tienen necesidad de golpear sin orden ni concierto para ser escuchados.

Durante mi estancia en el ashram Sevagram, Bapuji participó en la aventurada lucha con la que la India se independizaría de Gran Bretaña. Se opuso al arreglo de la partición, la cual suponía separar a Pakistán como Estado musulmán. Sabía que las familias musulmanas e hindús, que entonces vivían codo a codo, serían desarraigadas y que eso podía desatar más violencia. Persiguió asimismo la igualdad de derechos para las mujeres y los intocables, quienes a menudo eran segregados en guetos fuera de las ciudades y tenían prohibido el acceso a templos y escuelas. Muchos líderes políticos le dijeron que la lucha por la igualdad de derechos era una distracción y que podría librarse una vez que la India fuera independiente. No obstante, él insistió en que la liberación para todos no podía esperar. Su sincera humildad le hacía saber que la discriminación de cualquier tipo es una agresión a nuestra común naturaleza humana.

Cuando examinamos una cultura distinta y vemos a personas oprimidas, protestamos en el acto. Es frecuente que los estadunidenses con los que trato desaprueben la idea de los intocables en la India. ¿Por qué los antiguos indios de la casta superior sentían que se contaminaban si permitían que los intocables tomaran agua del mismo pozo que ellos? Yo les recuerdo cortésmente los letreros de "Sólo blancos" que durante muchos años se colocaron en baños públicos, fuentes de sodas y piscinas en todo Estados Unidos. ¿Por qué, en efecto, esas cosas nos preocupan? Quizá se debe a nuestra arrogancia, a que nos decimos que somos mejores que los demás. O tal vez tenemos el presentimiento de que *no* somos mejores y usamos la segregación para alimentar nuestro ego y afianzar nuestra altivez.

Mi abuelo entendía que la vida y el destino de cada persona están enlazados con los de los demás y que necesitamos humildad para admitir la verdad de nuestra interdependencia. Dio vida a esta lección un día en que me pidió llevar mi rueca a su habitación. Yo entré y me instalé, feliz de lo que supuse que sería otra sesión de conversación e hilado con él. En cambio, me pidió que desmantelara la rueca. Aunque esto me confundió, desarmé la máquina y me senté con todas las piezas dispersas a mi alrededor. Debía haber sabido para entonces que mi abuelo siempre pedía algo con un motivo. Esta vez sugirió que hilara un poco de algodón.

—¿Cómo podría hacerlo? Ya desarmé la máquina.

—Ármala de nuevo.

Un tanto molesto por esa pérdida de tiempo, me ocupé en rearmar la máquina. Cuando estaba a punto de terminar, él se acercó y tomó un pequeño resorte que debía ir bajo la rueda pequeña. Lo mantuvo en su mano, con la obvia intención de no devolvérmelo.

—Sin ese resorte no podré terminar de ensamblar la máquina —señalé.

—¿Por qué no? Es una parte minúscula.

—Sí, pero la necesito para que la rueca funcione.

—¡Es tan pequeña que no puede tener mucha importancia! —fingió forzar la vista para verla en su mano—. De seguro puedes hacer que la rueca opere sin ella.

—No, no puedo —repliqué con firmeza.

—¡Muy bien! —exclamó Bapuji con clara satisfacción en su voz. Esperó a que yo asimilara la lección y prosiguió con sus explicaciones—: Cada parte es importante y contribuye al todo. Así como ese pequeño resorte es necesario para que la rueca opere adecuadamente, cada individuo es esencial para la sociedad en su conjunto. Nadie es prescindible ni falto de importancia. Trabajamos al unísono.

Cada parte es importante y contribuye al todo.
Así como ese pequeño resorte es necesario para hacer
que la rueca opere adecuadamente, cada individuo
es esencial para la sociedad en su conjunto.
Nadie es prescindible ni falto de importancia.
Trabajamos al unísono.

Lo mismo que en las máquinas, en la vida necesitamos que cada parte funcione para que los engranajes giren sin contratiempos. Esta lección de Bapuji podría ser clave incluso para el éxito en los negocios. En las grandes corporaciones, los líderes fuertes saben que son sólo tan aptos como quienes trabajan para ellos. Si tienen la humildad necesaria para tratar con respeto a personas de todos los niveles y reconocer el valor de cada una, su compañía prosperará. La enorme cadena de tiendas Walmart decidió recientemente poner esa idea en práctica y aumentar el salario de todos sus trabajadores. Walmart emplea a más personas que casi cualquier otra compañía privada en el mundo, de manera que fue un paso costoso y audaz. Pese a que la compañía perdería dinero a corto plazo, apostó al hecho de que tratar mejor a la gente redundaría en trabajadores más leales y tenaces. Los primeros resultados fueron alentadores; las tiendas empezaron a funcionar mejor y los índices de satisfacción del cliente se dispararon.

A Bapuji no le habrían interesado mucho el precio de las acciones ni las ganancias de Walmart, pero le habría agradado que, en esta circunstancia, la teoría económica armonizara con sus inclinaciones humanitarias. La persona que surte los anaqueles de una tienda es como el resorte en una rueca: el conjunto no puede funcionar sin ella. Tratarla bien puede contribuir al éxito de toda la empresa. Un ejecutivo con humildad para reconocer el valor de cada empleado tendrá más éxito que el que cree con arrogancia que el éxito sólo depende de las decisiones que él toma a puerta cerrada en su oficina.

En una escala más grande, cometemos un grave error cuando subestimamos a sectores enteros de individuos con la idea de que no son tan importantes como nosotros. Incluso antes de la tragedia del 11 de septiembre, al mundo le impactaban ya los jóvenes musulmanes que se vuelven terroristas suicidas. Sin respeto ni consideración por su vida, ellos están dispuestos a acabar consigo mismos en bien de lo que juzgan una causa importante (por equivocado que esto sea). A la mayoría nos asombra esta actitud, demasiado extraña para nuestra comprensión del valor de la vida. Sin embargo, es posible que esos jóvenes musulmanes reciban el mensaje de que su vida no importa en una sociedad que los ignora y los condena a vivir en la desesperanza y la pobreza. Aunque esto no excusa de ningún modo sus horribles acciones, es un recordatorio de que la gente a la que se juzga sin importancia puede hallar vías peligrosas para demostrar su valía. Si no puede contribuir al funcionamiento de la rueca, puede en cambio destrozarla. La violencia armada en algunos de los más terribles vecindarios estadunidenses tiene una fuente similar. Cuando ignoramos o subestimamos a ciertos grupos raciales o religiosos y le decimos a la gente que su vida es de escasa importancia para nosotros, le enseñamos que lo único que puede hacer es responder con violencia.

En la época de Bapuji, y en la nuestra, las mayores tragedias humanas suelen ser atribuibles a la falta de humildad y las enormes desigualdades que resultan de ella. Las guerras son provocadas por líderes arrogantes y ególatras, deseosos de aumentar su poder y suprimir o conquistar a los demás. El terrorismo es obra de individuos que se sienten abandonados y olvidados. Tras una oleada de agresiones policiales contra los negros en Estados Unidos, el movimiento que surgió por esa causa adoptó el nombre de Black Lives Matter ("La vida de los negros también importa"), por demás elocuente. La gente quiere saber que es importante. Una y otra vez olvidamos o nos negamos a aceptar que las mujeres, los intocables, los musulmanes, los hindús, los sunitas, los chiítas, los judíos, los cristianos, los inmigrantes y los refugiados somos importantes por igual. Debemos dejar de ser como el chico que grita en el patio de juegos "¡Soy mejor que tú!" y admitir que somos tontos e inmaduros cuando adoptamos esa actitud. Bapuji insistía en que jamás debe satisfacernos que la mayoría viva bien; debemos pugnar por que todos disfruten de los beneficios del progreso.

Mi abuelo pensó en la humildad desde niño. No entendía por qué no se le permitía jugar con el hijo del recolector de basura (quien por su trabajo convertía en "intocables" a todos los miembros de su familia). Cuando creció vio que el poder colonial británico oprimía a la población india y más tarde enfrentó la flagrante discriminación blanca contra los no blancos en Sudáfrica. Se percató de que ésta surge cuando un grupo se convence de que es mejor que otro y por tanto no está obligado a tratarlo con dignidad. Creía que el antídoto contra ella era una gran dosis de humildad.

Entre sus esfuerzos iniciales por conseguir un trato justo para los indios en Sudáfrica, se reunió con el funcionario asignado a esa cuestión, a quien le dijo que los indios no eran el problema que los sudafricanos pensaban, sino personas trabajadoras y mesurados que hacían grandes contribuciones a la sociedad. El funcionario respondió que estaba de acuerdo con eso y de su lado, pero que él debía entender que el verdadero problema de la discriminación se basaba en otra cosa. “Los europeos de este país no temen a los vicios de los indios, sino a sus virtudes”, le dijo.

Fue una lección importante. Cuando reprimimos a ciertas personas y negamos sus derechos —sean mujeres, minorías o inmigrantes—, decidimos no ver su valor. Menospreciarlas nos hace sentir más fuertes, aunque ésta sea una fuerza falsa. Si, en cambio, nos sentimos seguros de nosotros mismos, apreciaremos los talentos y aptitudes de los demás, los alentaremos cuando estén arriba y los ayudaremos cuando estén abajo.

Bapuji cultivó su humildad y mostró su genuina fortaleza cuando se ofreció a trabajar como voluntario en un hospital de beneficencia para los pobres en Durban, Sudáfrica. Al cuidar y atender a los enfermos ayudaba a quienes de otro modo habrían sido ignorados. Cuando poco después estalló la Guerra de los Bóers, se sirvió de lo que había aprendido en ese hospital para organizar un cuerpo de emergencias. Reunió a más de mil voluntarios indios, muchos de ellos peones semiesclavizados, y los adiestró rápidamente en la atención a los heridos. El suelo rocoso donde tenía lugar gran parte de los combates era demasiado accidentado para los vehículos de entonces, así que Bapuji y sus voluntarios subían a los heridos en camillas y los trasladaban a los hospitales de campaña; con frecuencia caminaban treinta kilómetros o más bajo un sol abrasador. Cuando terminó la guerra fueron elogiados por su valentía y los británicos le otorgaron a mi abuelo una medalla.

Le escandalizaba la inhumanidad que la guerra inspira. En la previa Guerra Anglo-Zulú había visto que los ingleses masacraban a los nativos zulús, inferiores en número. "Era como si persiguieran trofeos", diría más tarde. Soldados británicos armados con fusiles llegaban montados a caballo y atacaban a los nativos, quienes combatían a pie, con lanzas y palos. A Bapuji le pasmó la arrogancia del poder, la forma en que éste puede sacar a relucir lo peor de la gente. Cuando dirigió el cuerpo de emergencias en ambas guerras, trataba igual a todos, ayudaba a los heridos fueran zulús o británicos e insistía en que todos merecían un trato respetuoso.

Sus experiencias en esas guerras lo convencieron de que las sociedades cometen un gran error cuando aceptan la cultura de la violencia como medio para reforzar el control y la autoridad. La verdadera riqueza no proviene del dinero ni de la dominación, sino de apreciar que todas las personas poseen dignidad. "El bien del individuo está contenido en el bien de todos", me decía.

Comprendía igualmente que gran parte de la violencia en el mundo es resultado de lo que él llamaba los siete pecados de la sociedad:

Riqueza sin trabajo
Placer sin conciencia
Comercio sin moral
Ciencia sin humanidad
Conocimiento sin carácter
Culto sin sacrificio (no de animales, sino de riqueza)
Política sin principios

Yo añadí recientemente un octavo pecado:

Derechos sin responsabilidades

Una vez que comprendemos que cada vida importa, podemos valernos de ello para producir cambios que beneficien a todos. Bunker Roy, un educador indio al que admiro mucho, asistió de niño a las mejores escuelas indias y fue campeón nacional de squash por tres años. "El mundo entero estaba a mi disposición, todo estaba a mis pies", admitiría luego. No obstante, en lugar de usar su costosa y elitista educación para hacerse médico o diplomático, como sus padres querían, decidió vivir en una aldea pobre y cavar pozos. Se aproximó a esa aldea con gran humildad. No pretendió enseñar a los mayores; quería aprender de ellos. Fue así como inició lo que después se conocería como la Universidad de los Descalzos, la cual utiliza las habilidades que la gente ya posee para hacer surgir nuevas ideas y posibilidades.

Roy basó su método en principios que mi abuelo enseñaba: la igualdad y la humildad. Como en el ashram de Bapuji, animaba a la gente a perseguir retos y oportunidades de aprender, no dinero. Al principio hacía que la gente comiera, durmiera y trabajara en el suelo. Más que decirles a los pobres lo que *debían* aprender, decidió concentrarse en lo que ya sabían que era importante. Leer y escribir no ocupaba el primer lugar de la lista; lo que importaba era llevar electricidad y bombas de agua a aldeas remotas. Convirtió así a mujeres iletradas y pobres en ingenieras solares con un éxito fenomenal. En unas cuantas semanas, sin tener que estudiar libros ni leer manuales, ellas aprendieron a acumular energía solar para iluminar toda su aldea. Las mujeres de la Universidad de los Descalzos ya han logrado electrificar pueblos y ciudades de la India entera. Gobiernos que han visto los increíbles resultados de Roy le han pedido ayuda y él ha difundido su técnica en Afganistán y numerosos países de África. Le agrada comentar que abuelas iletradas producen ahora energía solar en Sierra Leona, Gambia y otras naciones.

Cuando él llegó a esa primera aldea, los ancianos se preguntaron si huía de la ley o escapaba de un pasado tormentoso. Le costó trabajo explicar que creía que los muy pobres habían desarrollado habilidades propias que sólo restaba incorporar a la cultura dominante. Como la mayoría de las mujeres de su universidad eran incultas y hablaban distintos idiomas, no se tomó la molestia de dar clases o entablar conversaciones; para enseñar usaba el lenguaje de signos y títeres, hechos con informes reciclados del Banco Mundial, afirmaba en son de broma. En otras palabras, lo que las grandes mentes e instituciones generan no necesariamente es mejor que los productos hechos por las personas ordinarias. Roy dirige la única universidad en la India que no contrata a profesores con un grado de doctorado o maestría; se funda en cambio en el conocimiento que proviene de la gente que labora con las manos y valora la dignidad del trabajo físico.

Hace falta tener mucha humildad para decir que, aunque hayas asistido a las mejores escuelas, puedes aprender algo de una anciana que vive en la pobreza y no sabe leer. A Roy le gusta citar a mi abuelo, quien dijo: "Primero te ignoran, después te ridiculizan, luego te combaten y al final ganas". Él ha ganado apegándose a los principios de la igualdad y la toma colectiva de decisiones. Con frecuencia, fuereños bienintencionados llegan a una aldea pobre con sus planes de cambio. Roy tuvo la humildad de aceptar el conocimiento y las habilidades que la gente ya tenía y de ayudarle a desarrollarlos. Introdujo tecnología que ella podía usar y controlar.

Primero te ignoran, después te ridiculizan,
luego te combaten y al final ganas.

El éxito de la Universidad de los Descalzos demuestra que los ideales de humildad y espíritu de servicio de mi abuelo producen todavía enormes cambios en el mundo. Es también un recordatorio de que podemos crear grandes cosas cuando nos acercamos a los demás sin arrogancia.

Mi abuelo tenía una visión honesta de sí mismo. Por excepcional que haya sido en ocasionar cambios en el mundo, no pensaba que hubiera recibido un don especial. “No tengo la menor sombra de duda de que cualquier hombre o mujer puede alcanzar lo que yo he logrado si hace el mismo esfuerzo y cultiva la misma fe y esperanza”, decía.

A pesar de que es sencillo *decir* que apreciamos el valor de todos, ponerlo en práctica resulta difícil. Casi siempre nos convencemos de que estamos en lo cierto y de que tomamos las decisiones correctas, lo que significa que los demás están equivocados. Los psicólogos han descubierto que en lugar de reunir información y tomar una decisión, la mayoría se forma una opinión instintiva y busca después los argumentos que la confirmen. Hacemos esto sin darnos cuenta en cuestiones grandes y pequeñas. Por ejemplo, si quieres comprar un coche, primero buscarás uno que te guste y luego las reseñas que confirmen que tu modelo es el mejor. También procedemos así en las elecciones; en vez de sopesar la información, seleccionamos un candidato y después nos fijamos en todas las noticias positivas sobre él e ignoramos las negativas.

Por experiencia sé que muchas veces estamos seguros de tener la razón sólo para descubrir más tarde que la verdadera humildad nos habría exigido ver el otro lado del asunto. En 1982, Richard Attenborough dirigió la película *Gandhi*, basada en la vida de mi abuelo. Cuando me enteré de eso, me alteré mucho; Attenborough había decidido no consultar a ningún miembro de la familia. Luego supe que el gobierno indio había invertido veinticinco millones de dólares en esa película y eso me horrorizó. En una columna que escribí para el *Times of India* critiqué al gobierno y afirmé que mi abuelo habría preferido usar ese dinero para ayudar a los pobres. Veinticinco millones de dólares podían tener un impacto enorme en la vida de la gente y no debían desperdiciarse en un filme.

Poco antes del estreno de *Gandhi* fui invitado a una proyección privada. Me senté nerviosamente en mi asiento y casi de inmediato me conmoví hasta las lágrimas. Aunque tenía algunas imprecisiones, la película recogía magníficamente el espíritu de mi abuelo. Comenzaba con una declaración en la que se reconocía que, pese a que había sido imposible reunir todos los acontecimientos, la cinta trataba de "ser fiel en espíritu a la historia y [...] el corazón del hombre". Cumplía ese propósito. Cuando volví a casa escribí una columna adicional en la que me retracté de mis críticas y admití que no tenía más que admiración y alabanzas para la película. Gracias a su retrato de mi abuelo, el actor Ben Kingsley llevaría el mensaje de no violencia y amor de Bapuji a millones de personas, quienes, de lo contrario, no lo habrían oído nunca. *Gandhi* ganó ocho premios de la Academia, entre ellos el de mejor película, y tanto Kingsley como Attenborough obtuvieron muy merecidos premios Oscar.

Por mi parte, yo recibí una gran lección de humildad.

Bapuji quería que nos libráramos de las etiquetas que utilizamos para describir a los demás y de las distinciones de género, nacionalidad y religión que hacemos. Le preocupaba el patriotismo como medio para proteger tu rincón del mundo sin considerar a los extranjeros. Cuando nos atrincheramos en grupos rígidos, declaramos que nuestra vía es mejor que cualquier otra y queremos protegernos de ver u oír otras posturas. Ese camino sólo ofrece división y violencia. El método no violento implica humildad suficiente para decir que respetamos las perspectivas y pasiones de otros pese a que no sean iguales a las nuestras.

Aunque deshacerse de etiquetas y aceptar otros puntos

de vista no siempre es fácil, los resultados pueden ser muy efectivos. Una maestra de Rochester, Nueva York, me pidió recientemente que hablara ante su grupo acerca de la no violencia; y a sus estudiantes les conté del método de mi abuelo y su creencia de que tratar a la gente con amor, respeto y dignidad podía disipar gran parte de la ira y desesperación que enfrentamos. Cuando me marché, la maestra pidió a sus alumnos que elaboraran un proyecto para su vida diaria basado en el mensaje de Bapuji. Volví un mes después para conocer esos proyectos de viva voz de los estudiantes. Una muchacha corpulenta explicó que su peso la hacía objeto de burlas y que se le hostigaba a menudo; usualmente reaccionaba con ira y maldiciones contra sus agresores. Sin embargo, tras conocer el método de Bapuji decidió poner a prueba una respuesta de amor. Cada vez que se burlaban de ella, respondía con palabras amables y esta reacción desarmaba tanto a sus agresores que no sabían qué hacer. Inició un club que llamó Corazones de Diamante e invitaba a otros alumnos a resolver sus conflictos con afecto en lugar de mezquindad.

El proyecto de esta chica me impresionó mucho: ella llegó a la importante verdad de que los abusadores no son tan fuertes como aparentan; sólo buscan a alguien débil para sentirse importantes. La técnica de esta joven permitía a sus agresores librarse de su furia y sentirse aceptados. El orgullo de ella contribuía al de ellos. En vez de reñir, gritar y pelear por estar en la cima de una escalera imaginaria, todos podían sentirse bien siendo iguales en un ambiente de afectuoso respeto.

Bapuji estaba firmemente convencido de que en una sociedad civilizada debe haber justicia y respeto. Aceptaba que la igualdad económica no podía ser total, pero que las enormes disparidades económicas debían desaparecer. Cuando miembros exitosos de la sociedad viven en mansiones inaccesibles y se aíslan del dolor y el sufrimiento de los demás, el desequilibrio resultante sólo puede causar problemas. Pese a que a todos nos gusta que se reconozcan nuestros logros, la verdad es que nadie triunfa solo. Necesitamos humildad para admitir y apreciar las contribuciones que otros han hecho a nuestra prosperidad.

Un conocido mío, Rajendra Singh, se graduó como médico y puso un consultorio en la pequeña aldea de Sariska, en una de las regiones más áridas de la India. Semanas después de haber iniciado sus consultas, un anciano le dijo que, más que medicina y educación, los lugareños necesitaban agua. Lo invitó a caminar con él y le mostró las grietas en la superficie rocosa de la cordillera.

"La poca lluvia que recibimos se escurre por esas grietas y desaparece", explicó el viejo. Compartió el antiguo saber de que era posible cosechar agua cavando pequeños estanques para almacenarla. Persuadido de la sensatez de eso, el doctor Singh le sugirió que encabezara el proyecto. "Ya estoy demasiado viejo y la gente de la aldea me desprecia por excéntrico", replicó el anciano. "En cambio, usted tiene títulos y todos lo escucharían."

En el espíritu de mi abuelo, el doctor Singh decidió dirigir con el ejemplo. Cavó un par de estanques en su terreno para captar el flujo de agua y cuando las lluvias llegaron los estanques se llenaron y la sedienta tierra a su alrededor empezó a anegarse. Esto impresionó a los aldeanos, quienes le preguntaron si les ayudaría a abrir más estanques. En poco tiempo, aquella tierra árida recuperó su fertilidad y el flujo de agua revivió a la comunidad.

El doctor Singh ayudó también a otras comunidades a cosechar agua; había transformado ya más de mil kilómetros cuadrados de tierra árida en un paraíso agrícola. Él mismo señala que no necesitó inventar nueva tecnología ni lanzar un proyecto multimillonario; se basó simplemente en el conocimiento que ya existía en la comunidad. Al ver que el flujo de agua puede transformar un área, recordó que el "flujo" es esencial en la vida. Como individuos florecemos y prosperamos cuando estamos unidos al flujo de una comunidad.

La humildad nos permite apreciarnos unos a otros, hacer un mundo más fuerte y positivo y adquirir resistencia. Al concluir su segundo periodo al mando, el presidente Barack Obama se refirió a la gran cantidad de personas que habían participado en sus logros. Nos previno contra que nos concibiéramos como "una mera serie de tribus que nunca podrán entenderse entre sí" y nos instó a reconocer "una humanidad común en la que todos podemos conocernos, aprender y amarnos unos a otros". Mi abuelo habría estado totalmente de acuerdo con eso.

Pese a todos los conocimientos y tecnologías que tenemos, necesitamos humildad para saber que nuestra educación puede continuar toda la vida. Los astrofísicos de vanguardia estimaron hace poco que sólo conocemos cinco por ciento del cosmos; eso deja noventa y cinco por ciento por conocer y explorar aún. Nuestros descubrimientos procederán de muchas fuentes. Necesitamos humildad para depender tanto de simples aldeanos como de grandes pensadores para ampliar nuestra visión del mundo. Como dijo mi abuelo: "Permite que la brisa del conocimiento entre por todas las ventanas abiertas".

Permite que la brisa del conocimiento entre por todas las ventanas abiertas.

Lección nueve

Los cinco pilares de la no violencia

La mayoría de nosotros creemos que las personas importantes son serias e imponentes, pero la imagen que yo tengo de mi abuelo es la de un hombre bueno y gracioso al que le gustaba relajarse y gastar bromas. De noche en el ashram le agradaba salir a caminar un par de kilómetros y yo lo acompañaba a menudo en esos paseos. Medía apenas 1.65 metros y cuando yo tenía catorce años ya era mucho más alto que él. Colgaba de mi cuello uno de sus brazos y el otro de un joven que se nos unía; nos llamaba sus "bastones". Se balanceaba apoyándose en nuestros hombros cuando menos lo esperábamos, con el mismo deleite de un niño que fuera mecido por sus padres y gritara "¡Epa!". Si nos tomaba por sorpresa, reía y decía: "¡Presten atención!".

Su espléndido sentido del humor lo convertía en un hombre realista y él usaba su ingenio natural para convencer a la gente de que no era muy distinto a ella. Cuando envejeció, se fijaban sólo en sus cualidades y creían que había sido santo desde que nació. Sin embargo, él no dijo nunca que hubiera nacido con talentos especiales y me recordaba con frecuencia sus humildes orígenes. Alcanzó su grandeza a través de la determinación y el compromiso. Estaba convencido de que todos podemos mejorar si queremos.

Aunque se servía del ayuno para hacer declaraciones políticas, cuando era joven y aún no simplificaba su vida había usado los alimentos con un propósito diferente. Le gustaba comer, y uno de sus manjares favoritos era un pan dulce indio llamado *puran poli*. Un día en Sudáfrica él y mi abuela, a la que llamábamos Ba, invitaron a unas personas a comer. Atraído por el aroma, él entró a la cocina mientras Ba preparaba las viandas. Le encantó ver que hacía su pan favorito, pero le dijo preocupado:

—No va a alcanzar para todos los invitados.

—Habrá bastante —repuso ella tranquilamente.

—¡Yo podría comérmelo todo! —insistió él.

—No es cierto —replicó ella y agitó la cabeza.

—¿No me crees? —preguntó Bapuji con un brillo en los ojos—. Termina y ya veremos quién tiene la razón.

Mi abuela preparó dieciocho piezas de *puran poli*, cada una del tamaño de una crepa grande. Se las sirvió a mi abuelo, quien comió una tras otra hasta terminarlas felizmente todas. Ba tuvo que admitir su derrota.

Con el paso de los años, Bapuji renunció a su amado *puran poli* (¡quizás esas dieciocho piezas habían sido suficientes para toda una vida!) lo mismo que a muchos otros alimentos conforme simplificaba su estilo de vida. Cuando estuve con él en el ashram, sus comidas eran ya muy insípidas, sin sal ni especias. Una vez le pedí a mi pariente Abha, quien le hacía de comer, que me dejara probar lo que le había preparado.

—No te gustará —me advirtió—; no sabe a nada.

Aquella mezcolanza era una papilla de verduras cocidas con leche de cabra. Tomé una cucharada y apenas pude tragarla.

En la siguiente ocasión que vi a Bapuji le pregunté por qué comía platillos tan desabridos. "Como para vivir, no vivo para comer", respondió con una sonrisa.

Ya he dicho que no era perfecto y quizá llegó demasiado lejos en su sencillez. No obstante, decía que si aprendemos a vivir simplemente, podemos ayudar a otros simplemente a vivir.

Creía en el poder de la transformación personal. Esto requiere en ocasiones un gran esfuerzo, y otras sólo necesitamos el empujón indicado. Creía que las pequeñas acciones pueden acumularse hasta ser inmensas. Como de costumbre, no me sermoneaba sobre esto; permitía que aprendiera de su ejemplo y de las historias que me contaba.

Una noche en que estábamos cómodamente sentados a la rueca me relató la historia de un joven muy desorganizado que vivía solo en un pequeño departamento. Nunca limpiaba ni hacía faenas domésticas y el polvo lo cubría todo. "El fregadero estaba repleto de trastes", dijo Bapuji. "No sólo lleno; ¡llegaba hasta el techo!" Aunque sabía que su casa era un chiquero, él suponía que, si no invitaba a ninguna persona, nadie lo sabría.

Un día en su trabajo conoció a una mujer de la que se enamoró. Salían juntos, pero nunca la llevaba a su departamento. Paseaban por el parque y conversaban junto al río, y un día ella cortó una hermosa rosa roja y se la regaló.

Fue un obsequio de amor y aun este chico que se permitía vivir en la inmundicia supo que debía preservarlo con dignidad. Llevó la rosa a casa y después de hurgar entre sus platos sucios encontró un jarrón. Lo lavó, lo llenó de agua fresca y metió la rosa en él. Ahora necesitaba un lugar donde poner el jarrón, así que limpió la mesa del comedor. El jarrón se veía muy bien ahí, pero pensó que se vería mejor todavía si el resto de la habitación estaba igual de hermosa, de manera que recogió todo y pulió el piso, y luego lavó los trastes. La reacción en cadena continuó hasta que toda su casa estaba pulcra y fresca; quería que todo a su alrededor fuera tan bello como la rosa. El pequeño acto de amor de su novia, de haberle regalado una rosa, le cambió la vida.

Pese a que yo era entonces un adolescente desgarbado, esa historia de amor me conmovió. Si bien todos tenemos nuestras imperfecciones, un simple gesto de ternura puede hacer que nos sintamos aceptados y contribuir a que nos transformemos en una mejor versión de nosotros. Sentado en esa rueca, me dije con fervor que tan pronto como alguien me amara, me cercioraría de ser digno de su amor. (Y de mantener limpia mi casa también.)

Bapuji concedía que el amor puede tener un gran poder, pero no era nada más un romántico. Tuvo una razón adicional para contarme esa historia: quería que yo fuera una rosa en el mundo, y que lo *fuéramos* todos. Cada uno de nosotros puede aportar la pizca de luz y esperanza que podría impulsar a una persona a ser mejor. Un vívido ejemplo de amor, esperanza o verdad puede hacer que, en contraste, todo lo demás parezca deslucido. Una vez hecho ese contraste, quienes nos rodean tienen una visión más clara de sus posibilidades; podrían contribuir al desaliño o añadir más rosas al jarrón. Cuando eres bueno, puedes lograr que todos a tu alrededor aspiren a ser mejores.

Un comentario más sobre esa historia: nuestro descuidado soltero limpió su casa sin que nadie tuviera que criticarlo antes. No fue preciso que se le dijera que lo que hacía estaba mal; ya lo sabía. Sólo necesitaba un ejemplo y una inspiración para que prefiriera lavar los trastes a dejarlos en el fregadero. Si en lugar de darle la rosa aquella mujer se hubiera quejado de sus malos hábitos, quizás él no habría cambiado nunca. Respondemos mejor a los incentivos positivos que a los negativos. Decirle a un colega, amigo o familiar que falló o no está a la altura de las circunstancias resulta contraproducente. La gente se pone a la defensiva y se rebela cuando es agredida; en cambio, buscar algo que elogiar y admirar promueve las conductas que deseas alentar.

Es probable que el ejemplo de generosidad y bondad de Bapuji haya contribuido tanto por inducir un cambio en la India como cualquier otra cosa que dijo o escribió. Un espíritu positivo es uno de los mejores regalos que podemos hacernos o darles a los demás. Los psicólogos saben ahora que cuando expresamos emociones positivas como amor, gratitud y generosidad elevamos drásticamente nuestra sensación de bienestar e incluso podemos ejercer efectos positivos en nuestra salud, como reducir nuestra presión arterial o estrés y dormir mejor. El método no violento de Bapuji brindó a la gente una forma constructiva y optimista de avanzar en situaciones que, de lo contrario, podrían haber parecido irremediables.

La gente suele pensar que mi abuelo era intransigente en sus principios y que estaba dispuesto a quedarse solo en su lucha por la justicia. No obstante, perspicaces historiadores han señalado que era, antes que nada, un negociador. Unas de sus grandes habilidades eran su empatía y comprensión de la posición de su adversario. Al principio trató de negociar respetuosa y serenamente con el gobierno británico; con el tiempo se dio cuenta de que ese estilo de negociación no daría resultado y de que requería un método diferente. La pacífica Marcha de la Sal es sólo un ejemplo de su tránsito al siguiente nivel. La población de la India que quería ser libre e independiente hervía en cólera y en todo el país tenían lugar numerosos episodios explosivos y violentos. Mi abuelo les dio a esas personas una forma positiva de expresar su descontento y luchar por el cambio. La no violencia alienta el bien y la esperanza en la gente por encima de la amargura y la ira. La tranquila actitud y fáciles sonrisas de mi abuelo recordaban a la gente que siempre es mejor buscar oportunidades pacíficas que hundirse en la desesperación.

Años después de la Marcha de la Sal, el parlamento británico aprobó la ley de gobierno de la India, la cual fue el primer paso para la autodeterminación de trescientos millones de indios. Aunque muchos la estimaron una gran victoria para mi abuelo, él quería estar seguro de que su mensaje fundamental de amor y no violencia fuera escuchado. Su meta no era reemplazar simplemente un gobierno por otro; su movimiento *satyagraha* iba más allá de la política. Un periodista de la época contrario a dicho movimiento describió una reunión de algunos de los indios que tomarían el poder de manos de los funcionarios británicos; los juzgó tan fríos y arrogantes como aquellos a quienes sustituirían. Sin embargo, describió la expresión de Bapuji como de "extraordinaria inocencia y benevolencia, con dos tenues rayos de luz que manaban de sus ojos". Pese a que estaba en desacuerdo con él, le pareció cautivador.

Los suaves rayos de luz que emanaban del rostro de Bapuji eran un reflejo del genuino amor, bondad y espíritu positivo que ponía en todo lo que hacía. Como se recordará, la palabra *satyagraha* con la que se refería a su movimiento de no violencia significa "fuerza espiritual". Obtienes fuerza del espíritu positivo y amoroso que pones en tus acciones. Él no vio nunca su movimiento en términos estrictamente utilitaristas; quería convencer a los británicos de que cambiaran de posición, pero también proyectar en el mundo una luz positiva y mayor comprensión.

Veía que los gobiernos y las religiones suelen regir a través del temor. La religión controla a la gente con la amenaza de un Dios iracundo que la condenará al infierno si no se porta bien. Los miembros de un círculo religioso pueden ser juiciosos y rechazar a la gente que no acepta sus opiniones y demandas. Los gobiernos usan controles más directos, como multas y cárcel. Incluso los padres y maestros, como ya vimos, tienden a imponerse mediante el temor y las amenazas de castigo.

Bapuji creía que debemos mover al mundo por medio del amor, no del temor. Mostraba amor, bondad y optimismo y la gente se arremolinaba en torno suyo.

Mueve al mundo por medio del amor,
no del temor.

Mi abuelo quería que la gente comprendiera los matices de la no violencia, más allá de evitar la agresión física. Vivió de conformidad con los cinco pilares de la no violencia y deseaba que también yo intentara apegarme a ellos. Así pues, he tratado de vivir con base en estos cinco importantes fundamentos:

Respeto
Comprensión
Aceptación
Apreciación
Compasión

En ocasiones oigo decir que Bapuji tenía una visión utópica imposible de practicar en el mundo real. No obstante, creo que lo cierto es lo contrario; los principios que él estableció son básicos para la civilización y los ignoramos bajo nuestro propio riesgo.

Respeto. Comprensión. Aceptación.
Apreciación. Compasión.

Respetar y comprender a los demás, sean cuales fueren su religión, raza, casta o país, es la única manera en que el mundo puede salir adelante. Levantar paredes y crear divisiones siempre es contraproducente al final, porque genera enojo, rebelión y violencia. En contraste, cuando nos respetamos y comprendemos unos a otros, evolucionamos naturalmente hacia el tercer pilar, la aceptación. La capacidad para aceptar otras opiniones y posturas nos permite ser más fuertes y sabios.

Los otros dos pilares de la no violencia —apreciación y compasión— contribuyen a producir felicidad y realización personal, así como mayor armonía en el mundo. La apreciación tiene una resonancia muy profunda y puede hacer una honda diferencia en la vida de cada uno de nosotros. Las personas más felices no son las que tienen más dinero sino las que son capaces de apreciar la belleza y bondad que las rodea. Es fácil hallar razones para quejarse, criticar y señalar lo que está mal; podemos obtener mucha más alegría si, en cambio, optamos por buscar todos los días cosas que apreciar.

Bapuji era un maestro en la apreciación del mundo a su alrededor. Buscaba lo bueno en todos. En mis visitas a la India yo conocí a niños y familias que tenían mucho menos que la mayoría de los estadunidenses, pero que parecían apreciar mucho más lo que tenían. Me pregunto si acaso perdemos nuestra aptitud de apreciación cuando nos enfocamos demasiado en las cosas. Es como si pasáramos la vida en un buffet donde se puede comer de todo y no pudiéramos percibir el placer de comer una deliciosa manzana. Aunque la mayoría de nosotros no adoptaremos la extremada sencillez que Bapuji eligió para sí, podemos usarla como modelo y recordatorio de que a veces menos es más. Menos cosas y menos distracciones pueden conducir a una mayor apreciación y gratitud y por tanto a una felicidad más genuina.

Si la gratitud no se te da por naturaleza, aprende a adquirirla en unos cuantos pasos. Haz una pausa de algunos minutos en el curso del día para apreciar un hermoso amanecer, una flor en botón o el cascabeleo de la risa de un niño. Observa tu vida desde fuera y piensa en todas las personas del mundo a las que les gustaría estar en tu posición. Haz una lista de las cosas que aprecias de tu familia y amigos; guárdala en un cajón para leerla en esos días cuando necesitas un recordatorio de que la gratitud viene de dentro, no de fuera.

Ejercemos violencia contra nosotros mismos cuando nos fijamos en lo que nos falta en vez de apreciar los dones que hemos recibido. No es indispensable que sigas una religión particular para apreciar las maravillas y misterios del mundo; están ahí para todos. Si aprecias más tu vida, cambiarás de actitud y tu perspectiva del mundo.

Con frecuencia nos comparamos sólo con quienes tienen más que nosotros. Sin embargo, apreciar lo que tenemos despierta compasión por las personas que necesitan nuestra ayuda. La compasión es mucho más que llenar un cheque para una institución de beneficencia (aunque esto ciertamente ayuda). Cuando actúas con compasión te das tiempo para descubrir las fortalezas y esperanzas de otra persona y comprendes lo que debes hacer para ayudarla a ser independiente. Cuando te permites tratar a los demás con compasión, reconoces que tienen necesidad de respetarse a sí mismos y valoras igual a todos.

Una vez que comprendes a otros y los incorporas a tu vida, los pilares de la no violencia de Bapuji te resultarán esenciales para el bienestar y la paz de cada uno de nosotros y el mundo en general. ¡Imagina la felicidad que todos podríamos sentir y comunicar si viviéramos de acuerdo con estos cinco pilares: respeto, comprensión, aceptación, apreciación y compasión!

Bapuji halló formas de difundir su mensaje hasta en las circunstancias más insólitas. Años antes de que yo llegara al ashram, asistió a una de las conferencias en Londres en las que se hablaba del futuro de la India. Como siempre, decidió llevar su atuendo de tela de algodón hilada en casa que había adoptado como su vestimenta. Él representaba al pueblo indio, la mayor parte del cual vivía en extrema pobreza, y sus prendas eran un recordatorio de eso. Los funcionarios británicos lo trataron con respeto y dispusieron alojarlo en un elegante recinto en Londres, con la seguridad propia de un jefe de Estado, pero Bapuji declinó.

—Me gustaría vivir entre los obreros textiles, preferiblemente como su invitado —informó.

Los funcionarios británicos se aterraron. Como recordarás, la postura de Bapuji de mantener en la India el algodón indio había perjudicado a la industria textil británica. Como los indios hilaban ya sus propias telas, las compañías británicas no podían cobrar sus altos precios de antes y los obreros británicos estaban molestos con mi abuelo porque eso había mermado sus salarios.

—Si se hospeda con los obreros textiles, lo matarán —le advirtió uno de los funcionarios—. Hay tanta ira en ellos que tememos por su seguridad.

—Razón de más para que me aloje con ellos, a fin de que pueda explicarles los motivos del pueblo indio —repuso tranquilamente Bapuji.

Los británicos accedieron de mala gana a su petición y él sostuvo un encuentro con los obreros textiles. Se dirigió a ellos con el respeto y la comprensión que lo caracterizaban. Les describió la extrema pobreza que privaba en la India y les explicó que hilar sus telas permitía a la gente de algunas aldeas elevarse sobre el más abyecto nivel de subsistencia. Ofreció compasión por las penurias de los obreros británicos y les dijo que comprendía que ellos también querían el mejor apoyo posible para sus familias. No obstante, los exhortó a unirse a él, en su lucha por ayudar al pueblo indio a salir de la pobreza. Los obreros textiles británicos no sólo lo escucharon respetuosamente; también aceptaron sus razones. Muchos de ellos se volvieron admiradores suyos y apoyaron sus empeños.

Es inusual que personas enfadadas cambien de postura, y más inusitado aún que adopten una postura contraria a sus intereses. Pero mediante el acto de escuchar y comprender, Bapuji logró atenuar la cólera de los obreros británicos y darles un nuevo punto de vista. Los ayudó a ver qué era necesario en términos colectivos, no sólo personales.

Del movimiento *satyagraha* de Bapuji se valora por lo general su no violencia *reactiva*, cuando, de cara a una injusticia como la discriminación o el fanatismo, la gente se une para llamar la atención respecto a lo está mal; y reacciona a un problema tratando de cambiarlo con resistencia pasiva o espiritual. Además de mi abuelo, Martin Luther King Jr., Nelson Mandela y muchos otros han usado este método; responden a la represión o explotación con protestas no violentas. Sin embargo, Bapuji creía igualmente en la no violencia *proactiva*, lo que significa preparar el terreno para la realización de acciones positivas. Si siembras las semillas de la comprensión y la compasión, se convertirán en árboles protectores que resguardarán contra las tormentas. Así, Bapuji cultivó la sensibilidad y compasión de los obreros textiles como una suerte de no violencia proactiva. Esparció las semillas de la comprensión. Sin esto, la violencia de los obreros podría haber hecho erupción para reprimir o destruir a los indios que querían salir de la pobreza. Por el contrario, se pusieron de su lado.

Mi abuelo se preocupaba tanto por sus causas y la propagación de la justicia en el mundo que, en ocasiones, olvidaba tener rasgos de gracia y frivolidad. Por fortuna, mi abuela estaba ahí para recordárselo. Pese a que Ba nunca aprendió a leer ni escribir, Bapuji respetaba su sabiduría. A veces, ella lo cuestionaba respecto a la vida en el ashram y él estaba dispuesto a escuchar. Bapuji no creía que su familia mereciera un trato distinto al que recibían todos los demás residentes del ashram. Pero la primera vez que yo lo visité de muy niño, descubrí que en ocasiones Ba preparaba palanqueta de cacahuate como platillo especial y que la escondía para dársela a sus nietos. Devoto como yo era de mi abuelo, no me importaba recibir de vez en cuando una golosina de Ba. Ella sonreía con malicia mientras sacaba el dulce y disfrutábamos de un momento en privado. Aunque Bapuji sabía lo que ella hacía, nunca se lo impidió.

Gente de toda la India celebraba el 2 de octubre el cumpleaños de Bapuji, pero él se negaba a que se hicieran fiestas en el ashram; quería que se le tratara como a cualquier otro. Durante mi estancia ahí, un grupo de mujeres le escribió para pedirle permiso de visitar Sevagram y participar en su comida de cumpleaños; él contestó que el ashram no celebraba su aniversario ni tenía dinero para darles de comer. Al parecer, ellas no estaban dispuestas a dejar pasar la ocasión y llegaron el 2 de octubre para estar con él. A la hora de la comida, mientras los residentes del ashram se congregaban en la puerta del comedor, Ba vio que un grupo de diez mujeres estaban sentadas bajo un árbol próximo y se disponían a consumir una comida que ellas mismas habían llevado.

Se acercó y preguntó:

—¿Por qué están sentadas aquí y no nos acompañan a comer?

—Porque Bapuji nos dijo que el ashram no puede alimentarnos y que no habría nada especial por su cumpleaños —explicó una de ellas.

—Ay, ¡el viejo olvida que a veces debemos divertirnos! —exclamó mi abuela—. Yo las invito en su nombre a que nos acompañen.

Bapuji aceptaba de buen grado las opiniones de Ba; de hecho, exhortaba a todas las mujeres a dejar la cocina y ser compañeras, en igualdad de circunstancias, en la lucha de la India por la libertad. "En tanto cincuenta por ciento de la población permanezca subyugada, la libertad política será insignificante", decía.

Ese llamado a la libertad de las mujeres era tan radical como casi todo lo que mi abuelo hacía. Cuando era niño había visto que su madre, Putliba, debía ocultar su curiosidad intelectual bajo los velos de la vida doméstica. Su padre era primer ministro de una de las grandes ciudades de la India, y Putliba habría querido participar en las conversaciones con los líderes religiosos y políticos que iban a su casa con regularidad. Pero a mediados de la década de 1860 se esperaba que las mujeres de la India fueran tan invisibles como niños obedientes. Ella no podía salir mientras los hombres hablaban, así que permanecía callada en una habitación cercana y sólo escuchaba, con la esperanza de aprender.

Cuando mi abuelo hablaba en reuniones de oración o frente a grandes multitudes, instaba a los hombres a dejar de subyugar a las mujeres y tratarlas como si fueran de su propiedad. A ellas las exhortaba a no aceptar el mito de que eran de voluntad débil o que necesitaban protección. Frecuentemente las personas oprimidas contribuyen a sus propios males porque interiorizan las imágenes negativas de sí mismas que difunden quienes quieren dominarlas. Él urgía a las mujeres a terminar con esa mentalidad limitante y enfrentar a los hombres que pretendían someterlas. "Nadie las liberará hasta que se liberen a sí mismas", les decía.

Insistía en que los hombres debían "romper las cadenas de la tradición y aprender a tratar a las mujeres con respeto y dignidad, como compañeras en igualdad de circunstancias". Aunque sostenía la antigua opinión de que la fuerza de los hombres era física y la de las mujeres espiritual, su llamado a que ellas participaran por completo en la vida pública era notoriamente progresista. Muchos líderes políticos le dijeron que luchar por la igualdad de las mujeres y los "intocables" era una distracción que debía esperar a que se consumara la independencia india. No obstante, Bapuji se mantuvo firme en su creencia de que la opresión de cualquier tipo no debía tolerarse un momento más. La liberación de las mujeres y de las castas inferiores no podía esperar.

Por desgracia, ha esperado. Mientras que en la mayoría de los países occidentales las mujeres tienen ahora oportunidades que mi abuela y mi bisabuela jamás imaginaron, todavía hay religiones y culturas en todo el mundo que las tratan con el mismo desdén que Putliba enfrentó. Y en sociedades avanzadas muchas de ellas aún se minimizan a sí mismas y no tienen el valor de romper los viejos estereotipos.

Bapuji tenía razón en que el primer paso de la liberación debe venir de adentro.

Lección diez

Serás puesto a prueba

Los dos años que pasé con Bapuji en el ashram Sevagram fueron un periodo crucial tanto en su vida como en la historia del mundo. Todas las fuerzas políticas de la India se hallaban en ebullición. El país estaba a punto de alcanzar su independencia de Gran Bretaña, pero la esperanza de Bapuji de un país unificado en el que personas de todas las religiones y castas pudieran vivir en armonía se veía truncada a cada oportunidad. Una década antes había surgido la idea de crear un Estado musulmán aparte con algunas de las provincias del norte. Esa nación se llamaría Pakistán, que significa "País de los Puros". Bapuji se oponía fervientemente a la partición.

Uno de los líderes del movimiento de la partición era el musulmán Muhammad Ali Jinnah. Al igual que Bapuji, él también había iniciado su carrera como abogado en Londres, aunque nunca renunció a su remilgada (algunos dirían "arrogante") actitud. Aunque él era enemigo acérrimo de Bapuji, a muchos les impresionó que, al aproximarse la independencia, mi abuelo le propusiera a Lord Mountbatten, el último virrey de Gran Bretaña en la India, que Jinnah fuera el primer ministro de la India independiente. Bapuji pensaba que ésa era la única forma en que se podía ganar la confianza de la minoría musulmana y preservar la unidad del país.

Esa sugerencia fue espectacular si se piensa en ello. A los políticos estadunidenses les preocupa tanto mantenerse en el poder que están dispuestos a detener cualquier ley, bloquear nombramientos en la Suprema Corte e incluso paralizar al gobierno con tal de alimentar su ego y sus arcas bélicas. Bapuji estaba dispuesto a afirmar que el bien del país debe estar por encima de todo sentimiento y deseo personal.

Pese a que Lord Mountbatten diría más tarde que esa propuesta lo dejó "estupefacto", no era momento para acciones idealistas; él debía ofrecer un plan serio. Nehru sería el primer ministro y Jinnah el líder de Pakistán. Bapuji se sintió excluido de las complicadas negociaciones y se dirigió a otras partes del país para tratar de detener algunos de los sangrientos combates entre hindús y musulmanes que ya dejaban cadáveres tendidos por las calles.

El 3 de junio de 1947 las negociaciones llegaron a su fin y se firmó el acuerdo: la India quedaría libre del régimen británico pero dividida en dos países. La inminente partición provocó choques cada vez violentos entre radicales hindús y musulmanes.

En lugar de aguardar con alegría el día de la independencia, el 15 de agosto, mi abuelo se descorazonó; la gran descomposición del país había iniciado ya. La partición conduciría, en última instancia, a la más grande migración en la historia del mundo, de quince millones de personas que trataban de escapar de la violencia sectaria.

A principios de agosto Bapuji hizo planes de marchar a otras partes del país para intentar detener la violencia y el derramamiento de sangre. De Calcuta a Delhi, la gente temía que las masacres religiosas se intensificaran. Yo quería acompañarlo en su viaje, pero por primera vez me lo impidió. "Ése no es lugar para jóvenes", me dijo.

Así pues, me quedé mientras él recorría ciudades desgarradas por disturbios, cuyos residentes se preguntaban qué sería de sus familias después de la partición. Las explosiones de ira perturbaron a mi abuelo. Cuando su tren llegó a Calcuta, los funcionarios locales, temerosos de que la violencia se agravara, le rogaron que permaneciera ahí hasta el día de la independencia. Él accedió, con la condición de que durmiera bajo el mismo techo que el principal ministro de la Liga Musulmana, Huseyn Shaheed Suhrawardy.

"La adversidad hace extraños compañeros de cama", dijo. No era una broma, sino una magistral estrategia. Si el hindú más famoso del mundo y el musulmán más prominente de la región podían ofrecer esa muestra de unidad, ¿acaso las masas en las calles no responderían renunciando al menos a una parte de su sanguinaria violencia? Ambos se desplazaron a una casa que había sido saqueada y vaciada en un vecindario destruido por los combates étnicos. Mi abuelo fue rodeado al principio por turbas encolerizadas y pensó que esas furiosas personas lo matarían. Sin embargo, sus serenas palabras en compañía de Suhrawardy tuvieron un efecto asombroso.

El 15 de agosto, en lugar de una horrorosa matanza en Calcuta, la gente marchó por las calles mientras coreaba: "¡Hindús y musulmanes son hermanos!". La gente le lanzó pétalos de rosa a mi abuelo. Lord Mountbatten lo felicitó por "el milagro de Calcuta" y admitió que había establecido un oasis de paz donde el ejército había fracasado. En medio de toda esa agitación y derramamiento de sangre, aquélla fue una magna declaración del poder de la no violencia.

Entre tanto, al otro lado del país, en Delhi, el nuevo primer ministro izaba por primera vez la bandera de una India libre.

"Si alguien merece reconocimiento el día hoy es Gandhi", dijo a una inmensa y animada multitud.

Yo me encontraba con mi familia en Mumbai. Aunque millones de personas salieron a las calles a participar en bailes y desfiles, ningún miembro de nuestra extensa familia participó en ellos, por respeto a mi abuelo. "No veo ninguna razón de regocijo", había dicho.

Algunos de los niños y adolescentes fuimos a ver las luces y oír el estruendo. Yo me sentí desgarrado entre la emoción que me rodeaba y la tristeza que había visto en los ojos de Bapuji cuando se dio cuenta de que su ruego contra la partición no sería atendido. Sus colegas lo abandonaron en la prisa por llegar al poder. Él veía la partición como la negación de todo lo que había defendido; alentaría más división entre las personas y —como resultó obvio muy pronto— conduciría a una masacre sin precedentes entre personas inocentes de ambos bandos.

Durante los días siguientes Bapuji visitó varias aldeas más con su ruego de paz y cordura. No obstante, ni siquiera él pudo contener a las bandas errantes que empezaban a matar otra vez. Refugiados aterrorizados huían en todas direcciones. Se supo de una ciudad cuya fila de personas que intentaban escapar a pie se extendía más de ochenta kilómetros. Bapuji se abrió camino hasta Delhi y mantuvo su serenidad al tiempo que la violencia se acercaba y eran asesinadas personas en la propia residencia de Lord Mountbatten. El caos y la revuelta en el país fueron para mi abuelo una trágica prueba de lo que sucede cuando la no violencia y la *satyagraha* son olvidadas.

Con tanta incertidumbre en el país, mis padres pensaron que era momento de que regresáramos a Sudáfrica. En esos días, el viaje por mar de la India a Sudáfrica duraba veintiún días, en ocasiones más. El primer pasaje que pudimos conseguir fue para principios de noviembre, cerca de tres meses después.

Mi padre le escribió a Bapuji para comunicarle el plan y él nos envió sus bendiciones a todos. Mandó unas palabras especiales para mí. "No olvides lo que te enseñé, Arun", escribió. "Espero que sigas trabajando por la paz cuando crezcas."

Espero que sigas trabajando por la paz cuando crezcas.

Yo había aprendido mucho en nuestros dos años juntos y sus palabras de aliento aumentaron mi resolución de persistir.

No supe que serían las últimas palabras que me dirigiría.

En los dos años en que había estado con Bapuji, él fue una fuerza positiva y transformadora en la India e inspiró en mí cambios igualmente drásticos. Ya no me sentía enojado todo el tiempo y cuando me enfurecía sabía cómo redirigir eso hacia el bien. Yo podía ser una positiva chispa de electricidad en el mundo. Había aprendido las sutilezas de la no violencia y, como Bapuji esperaba, quería dedicarme a combatir el fanatismo, la discriminación y todas las desigualdades que produce la violencia en el mundo.

Aunque el viaje a casa fue largo, no resultó tan terrible como nuestra llegada a la India. Yo sonreía al recordar mi fatigosa caminata de ese primer día desde la estación del tren en Wardha hasta Sevagram. Al partir era todavía un adolescente que tenía mucho que probarse a sí mismo y a los demás, pero nunca volvería a permitir que mi ego dominara mi sentido común. Había aprendido a ser humilde y que lo que demuestra cuánto vales son tu corazón y tus acciones.

De vuelta en Sudáfrica al fin, mis padres me dijeron que a unos kilómetros de donde vivíamos, en el ashram Phoenix, se había abierto una escuela para la comunidad india; jamás tendría que volver a la espantosa escuela de monjas ni lidiar de nuevo con las iracundas religiosas. Mi hermana Ela y yo ingresamos a la nueva escuela en lugar de recorrer todos los días los veintisiete kilómetros hasta la ciudad. Pese a que todo eso era bueno, resultaba extraño estar en Sudáfrica otra vez. Yo me había convertido en dos años en una persona completamente nueva. La casa de mis padres en el ashram Phoenix ofrecía más comodidades de las que había tenido en Sevagram, y mejor comida. No obstante, mi corazón estaba todavía en la India, con mi abuelo, y pensaba a menudo en regresar.

Sin embargo, nuestro reencuentro no sucedería nunca. El 30 de enero, dos meses después de haberme separado de él, ocurrió lo impensable.

Ela y yo volvíamos a pie de la escuela en el fangoso sendero producido por los camiones y tractores de los agricultores que trabajaban la tierra. Era un día caluroso y las altas cañas de azúcar nos rodeaban. No habíamos avanzado mucho cuando ella anunció que estaba exhausta. Con un suspiro, se sentó en el suelo.

—¡No caminaré más! Tendrás que cargarme —demandó.

Antes de mi educación por Bapuji, yo la habría jalado o me habría molestado por su infantilidad (era seis años menor que yo). Ahora sabía manejar la situación con respeto y comprensión.

—No te cargaré, así que tendré que dejarte aquí —repuse tranquilamente.

No iba a dejarla, desde luego, así que permanecí a su lado. Noté entonces que un anciano que vivía en nuestro ashram caminaba rápidamente hacia nosotros. Casi nunca abandonaba los terrenos del ashram, de modo que me sorprendió mucho verlo; me pregunté adónde iría. Tardé un momento en darme cuenta de que venía a buscarnos.

Cuando se acercó, me llamó con jadeante urgencia:

—¡Arun, corre a casa de inmediato! Tu madre te necesita. Yo llevaré a tu hermana.

—Ya voy a casa, ¿cuál es la prisa? —pregunté.

—¡Corre, no discutas! Tu madre te necesita.

Entendí que había ocurrido algo muy serio. Corrí a casa y hallé a mi madre en el teléfono, sollozando. Colgó cuando entré, pero el teléfono sonó en ese momento; lo contestó, aunque apenas podía hablar.

Entre lágrimas y llamadas telefónicas consiguió escupir la atroz verdad de la que acababa de enterarse.

Mi amado abuelo había sido asesinado.

—¡Nunca más lo volveremos a ver! —gritó; yo me quedé frío. Pregunté dónde estaba mi padre—. Fue a la ciudad esta mañana a una reunión y no sé cómo localizarlo —contestó ella.

Aunque ella quería hablar más conmigo, el teléfono no dejaba de sonar a medida que más personas se enteraban de la noticia y llamaban para transmitir su horror y consternación. En medio de aquel estrépito, rompí a llorar. Todos los momentos de los dos años que había pasado con mi abuelo cruzaron por mi mente: cuando jugábamos carreras en la rueca, cuando lo mecía colgado de mi hombro, la caricia de su mano en mi mejilla en las ocasiones en que intentaba hacerlo reír. ¡No podía ser que hubiera fallecido!

—¿Cómo es posible que alguien haya matado a Bapuji? —le pregunté a mi madre.

Sabía de los muchos intentos de asesinarlo, con frecuencia a manos de hindús de derecha que creían que los había traicionado. No obstante, él había sobrevivido a todos ellos. Pensé que era indestructible.

Mi padre llegó pronto a casa; estaba muy pálido y hacía un gran esfuerzo por contener sus lágrimas. Terminada su reunión había ido al mercado y compraba fruta cuando oyó la fatal noticia. A pesar de que algunos vendedores le ofrecieron llevarlo a casa, se las arregló para guardar la calma y regresar con nosotros. Abrazó a mi madre y nos estrechó a todos.

La casa se volvió cada vez más caótica mientras buenos amigos se enteraban del asesinato y llegaban a vernos. "¿Es cierto?", preguntaban todos.

Mi padre intentó localizar a su hermano en la India para conocer más detalles, pero tardó mucho en contactarlo; las telecomunicaciones eran primitivas donde vivíamos y la llamada debía pasar por una serie de operadores. Cuando por fin obtuvimos un enlace, la línea era débil, pese a lo cual mi padre logró transmitir que queríamos ir al funeral. Mi tío dijo que no era el momento; Bapuji había muerto a las 5:16 de la tarde y en cuestión de horas cerca de un millón de personas habían arribado a Delhi. El gobierno temía que, si aplazaba el funeral, la mitad de la India se presentaría y habría disturbios. Mi tío había aceptado que el sepelio se efectuara la tarde siguiente; tendríamos que despedirnos a ocho mil kilómetros de distancia.

Al día siguiente escuché, junto con mis padres, los pormenores del funeral, a través de un radio chirriante. Me enteré de que mi abuelo estaba alojado en la casa Birla en Delhi, el mismo lugar donde yo lo había acompañado en una ocasión. Salió al jardín a dirigir una reunión de oración, con sus sobrinas nietas y sus "bastones" a su lado. Mientras la muchedumbre le abría paso, un hombre avanzó y empujó a la mujer que estaba junto a él, el lugar que yo había ocupado gran parte de los dos últimos años. Le disparó tres veces.

A pesar de que muchos líderes mundiales querían asistir al funeral, no pudieron llegar a tiempo, como nosotros. El papa envió un tributo, lo mismo que el presidente Harry Truman y el rey Jorge VI. Más de un millón y medio de indios de todas las religiones, castas y colores de piel participaron en la procesión del funeral; quizá igual número lo vio desde miradores en torno a la ciudad. Tal vez el tributo más extraordinario fue que la violencia en la India llegó a un abrupto fin; alguien describió esto como si se hubiera accionado un interruptor. Al saberse la noticia de la muerte de Bapuji, la matanza desenfrenada acabó y, de súbito, su sueño de paz y unidad pareció ser posible después de todo.

A mí, sin embargo, que escuchaba los comentarios en la radio a miles de kilómetros, eso no me procuró nada de paz. Intenté imaginar lo que pasaba y mi conmoción y tristeza iniciales se convirtieron en ira. Congregados alrededor del radio, por fin exploté.

—Si yo hubiera estado en la casa Birla, ¡habría estrangulado a quien le disparó a Bapuji! ¡Lo habría matado! —dije con gran exaltación.

Mi padre enjugó sus lágrimas y me miró muy serio.

—¿Ya olvidaste las lecciones que tu abuelo te enseñó? —preguntó tranquilamente. Aunque él estaba triste, oí gran compasión en su voz y, como lo hacía Bapuji, me abrazó—. ¿No decía él que debemos hacer un uso inteligente del enojo? ¿Cuál sería el mejor uso de la ira que sientes ahora?

Lo pensé un momento y respiré hondo.

—Trabajar como él dijo para detener la violencia en el mundo.

Mi padre asintió.

—Así es; no olvides nunca sus lecciones. Lo mejor que podemos hacer por Bapuji es continuar su misión y dedicar nuestra vida a que tragedias como ésta no ocurran de nuevo.

Él sabía que yo necesitaba un desfogue para mi ira y que la acción positiva a menudo puede relegar pensamientos negativos. Decidimos planear una celebración en memoria de mi abuelo que nos consolara, lo mismo que a las legiones de dolientes en Sudáfrica. Él sugirió que preparáramos un número especial del *Indian Opinion*, publicación que Bapuji había iniciado y que mi padre mantenía como semanario. Pedimos a algunas personas que compartieran recuerdos y fotografías con nosotros e investigamos la vida de mi abuelo. En menos de un mes teníamos listo un número conmemorativo de un centenar de páginas, impreso en una primitiva prensa operada a mano. Este proyecto salvó nuestra mente del dolor y la ira y en cambio demandó nuestro amor y más viva atención.

Miré con orgullo la publicación que produjimos y volvía las páginas una y otra vez al tiempo que pensaba en mi abuelo. Sin embargo, no podía dejar de repetir los disparos en mi mente y de imaginarme a su lado. ¿Yo habría podido detener al pistolero?

—¡Ojalá pudiera matar en este momento al asesino! —les dije un día a mis padres.

Mi madre suspiró. Pese a que sabía cómo me sentía, sabía también que mi abuelo no apreciaría ese sentimiento.

—Tu abuelo querría que perdonaras a la persona que hizo eso —dijo serenamente.

Sus palabras me pasmaron. ¡Por supuesto que eso era lo que Bapuji habría deseado! En lugar de perdonar al asesino yo quería venganza, pero sabía que Bapuji diría que ésa nunca es la solución correcta. El deseo de venganza te corroe, destruye tu paz mental y hace que te sientas nervioso todo el tiempo. En lugar de lastimarte una única vez, el malhechor se apodera de tu vida y te destruye sin cesar. Yo no permitiría que eso pasara, o defraudaría a Bapuji.

Él me había enseñado que la no violencia no es lo mismo que pasividad o cobardía. Es aceptable usar una fuerza limitada para desarmar a los agresores y proteger a los que amas. Si ese día yo hubiera sido uno de sus "bastones", Bapuji habría querido que atrapara a quien había intentado asesinarlo, no que huyera. No obstante, yo no había estado ahí. Y ahora la pregunta era cómo reaccionar a lo que ya había ocurrido.

"El perdón es más de hombres que el castigo", había dicho Bapuji.

El perdón es más de hombres que el castigo.

Cuando se nos pone a prueba, no demostramos nuestra fortaleza con la violencia o la ira, sino con la canalización de nuestros actos al bien. La India le hizo a Bapuji el gran regalo de una breve paz después de su muerte; yo tenía que darle un regalo similar de perdón de cara al gran mal. Él había explicado una vez que es fácil amar a quienes te aman y que el verdadero poder de la no violencia procede de amar a quienes te odian.

"Sé lo difícil que es seguir esta gran ley del amor", dijo. "¿Pero acaso no todas las cosas grandes y buenas son difíciles? Aunque amar al que nos odia es lo más difícil, incluso eso se vuelve fácil si queremos hacerlo."

Sé lo difícil que es seguir esta gran ley del amor.
¿Pero acaso no todas las cosas grandes y buenas son difíciles?
Aunque amar al que nos odia es lo más difícil,
incluso eso se vuelve fácil si queremos hacerlo.

Él tenía razón en que era difícil perdonar, pero yo sabía que debía hacerlo, tanto para mí como para él; sería mi tributo a los dos años que habíamos pasado juntos. Recordé de nuevo que le gustaba decir que la ley del talión, de ojo por ojo y diente por diente, no hacía sino volver ciego a todo el mundo. Debemos redefinir lo que entendemos por justicia. Luego de una tragedia, nuestra meta debe ser indagar cómo podemos hacer un mundo mejor, no demostrar que somos capaces de crear más violencia y venganza.

De esta forma, durante los años transcurridos desde que mi abuelo murió me he dedicado a difundir sus mensajes de perdón, esperanza y no violencia.

Desafortunadamente, las tragedias continúan. En cada irracional homicidio en Estados Unidos, mi país de adopción, los amigos y familiares del difunto sufren el mismo tormento y dolor que yo experimenté aquel día junto al radio.

Dediqué muchos años a lidiar con la pregunta de cómo debemos responder a actos impensables. En 1999 fueron asesinados más de una docena de estudiantes de la Columbine High School de Colorado, en el que fue hasta entonces el atentado escolar más mortífero en la historia estadunidense. Un amigo de esa zona me pidió que dirigiera unas palabras a los sobrevivientes; todos estaban furiosos y clamaban venganza. Poco antes de esa reunión, mi amigo me preguntó qué pensaba decir.

—Hablaré del perdón y de que ellos deben seguir adelante con su vida —contesté.

—Si haces eso, te sacarán de la sala —me advirtió—. Hay demasiada ira entre las familias para que oigan eso.

Pese a todo, me presenté ante ese grupo, hablé de la no violencia y transmití las lecciones de perdón que había aprendido de mis padres y abuelos. Les dije a los presentes que comprendía su angustia y su dolor porque yo mismo los había experimentado. Los exhorté a seguir adelante y a llenar su corazón de amor en vez de odio, porque ésa era la única vía a una sociedad mejor. En lugar de que me echaran del auditorio, recibí una ovación de pie.

En fecha más reciente, en 2014, me dirigí una vez más a una multitud de dolientes. En esta ocasión ocurrió en Ferguson,

Misuri, tras la muerte de un joven negro de dieciocho años a manos de un policía blanco acusado de discriminación racial. Un grupo muy numeroso se reunió para mostrar su solidaridad y leer en voz alta los nombres de las ciento diez personas que habían sido asesinadas en Ferguson ese año. La muchedumbre estaba muy encendida y los oradores enfatizaban la necesidad de que los blancos reconocieran los prejuicios que, a sabiendas o no, albergaban contra los negros.

Cuando todos los dedos señalaban a los culpables, de repente me sentí de vuelta junto mi madre, quien nos decía:

—Cuando apuntas a alguien con el dedo, tres dedos apuntan hacia ti.

En vez de buscar lo que otros han hecho mal, debemos examinarnos a nosotros mismos.

Llegado mi turno de hablar, traté de rescatar el mensaje de Bapuji y proponer una salida positiva a la ira de la gente. Quería ayudarle a sanar, aunque también retarla a ir más allá de la venganza. "Los prejuicios existen en todos nosotros, aunque seamos de cualquier raza o color", dije. "A menos que estemos dispuestos a reconocer esta debilidad en nuestro carácter, nunca cambiaremos. Transformamos el mundo sólo cuando enfrentamos los retos con amor y bondad, no con maldad y odio."

Compartí con aquellas personas las palabras más importantes de Bapuji: *Debemos ser el cambio que queremos.* Recibí afirmativas inclinaciones de cabeza y murmullos de comprensión. Me conmovió que a esos dolientes los cautivara todavía el poderoso mensaje de Bapuji y que comprendieran su llamado a ver más allá de las etiquetas para buscar lo bueno en todos.

El poder de las lecciones de mi abuelo es capaz de inspirarnos a todos en buenos y malos momentos, y su luz de esperanza nunca cesará de brillar. Si queremos que este mundo cambie, debemos cambiar nosotros.

Si queremos paz en el mundo, debemos encontrar paz en nosotros mismos.

Lección once

Lecciones para hoy

El asesino de mi abuelo fue un hindú de derecha indignado por su filosofía de eliminar el sistema de castas y procurar la igualdad para todos. Otras personas formadas bajo esa misma convicción tratan todavía de socavar la memoria de Bapuji. Discrepan de su mensaje de que todas las religiones y creencias son buenas y de que debemos reconocerlas y apoyarlas. "Las religiones son caminos diferentes que convergen en el mismo punto", decía. "¿Qué importa que sigamos caminos distintos si llegamos a la misma meta?"

Él perseguía las verdades fundamentales y exhortaba a la gente a leer las escrituras de todas las religiones y a buscar los aspectos positivos de cada una. A los individuos con un punto de vista estrecho les agrada creer que su posición es la única correcta; intentan imponerse mientras subestiman a otros; temen ser cuestionados y arremeten contra quienes ofrecen una visión más amplia. Bapuji les habría dicho que tal cobardía no es un signo de fe.

Al hablar de mi abuelo, Albert Einstein dijo célebremente: "Las generaciones por venir podrán creer apenas que un hombre así haya hollado la Tierra". El secretario de Estado estadunidense George C. Marshall lo llamó "Vocero de la conciencia de la humanidad". Un comentarista dijo que él demostró que la humildad y las verdades simples son más poderosas que los imperios. Bapuji no tenía título, riqueza o cargo público; no encabezaba un ejército ni un imperio y no descubrió la teoría de la relatividad. Sin embargo, dijo verdades que comprendemos en el fondo de nuestro corazón; quizá por eso su nombre y su imagen son tan venerados.

Durante el tiempo que pasé con él en el ashram Sevagram me pidió que hiciera una lista de mis debilidades y malos hábitos, no para reprenderme a mí mismo sino para que supiera qué debía mejorar. Uno debía conocer sus debilidades, me explicó, para poder transformarlas en fortalezas. Cada día nuestra meta debía ser mejorar; una vez que uno empezaba a mejorar, se producía un efecto de bola de nieve. He continuado ese enfoque toda mi vida. Bapuji me enseñó que mi propósito es ejercer un impacto positivo en el mundo y yo me empeño con toda conciencia en hacer cosas significativas.

Cuando me mudé a Estados Unidos quería compartir la filosofía de Bapuji con estudiantes universitarios; como no tenía un doctorado, las universidades no me permitían enseñar. Bapuji no permitió nunca que formalidades como ésa se interpusieran en su camino, hallaba siempre su propio sendero. Así, inicié en nombre de mi abuelo, un instituto de la no violencia y comencé a dar talleres y conferencias informales. Al trabajar en el nivel individual para ayudar a la gente a tener una mejor comprensión de la justicia y la resolución de conflictos, vi que los ideales de Bapuji resonaban todavía con mucha fuerza. Su filosofía ayuda a acortar la distancia entre las personas.

A principios de la década de los noventa, la rabia por la brutalidad policiaca y la injusticia racial desencadenó disturbios en Los Ángeles. Yo vivía en Memphis, donde ocurrió un incidente similar que estaba a punto de causar estallidos, y la gente de la comunidad me pidió intervenir para atenuar la tensión. No sabía qué hacer. Aunque no tenía el magnetismo ni la habilidad de mi abuelo para convencer a la gente, sabía que cada vez que él no encontraba una respuesta organizaba una sesión de oración e invitaba a la gente a buscar soluciones con él.

El incidente de Memphis se desbordó un jueves y yo decidí celebrar una ceremonia ecuménica el domingo siguiente. Hablé con los miembros de la junta de gobierno de la universidad a la que mi instituto pertenecía y me dijeron que preparar un evento de esa clase llevaría al menos dos semanas. ¡Dos semanas! Les comenté que cuando un hogar está en llamas no es posible esperar dos semanas a hallar agua.

Así pues, reuní a un pequeño grupo de colegas y entre nosotros llamamos personalmente a todas las organizaciones religiosas de Memphis. Pedimos a cada una de ellas que se presentara a hacer una oración de paz y armonía de cinco minutos. No importaba lo grandes o importantes que fueran; todas tendrían los mismos cinco minutos.

Ese domingo, más de seiscientas personas se congregaron en el campo de futbol que elegimos para realizar la ceremonia. Creo que resultó muy útil que hayamos optado por un terreno neutral —no una iglesia, mezquita o sinagoga—, a fin de que ninguna tradición particular predominara sobre las otras y todas se sintieran igualmente respetadas. Más de treinta grupos religiosos acudieron a ofrecer su oración de cinco minutos por la paz. Una increíble sensación de unidad, amistad y comprensión flotó ese día entre las porterías de aquella cancha. Personas que alguna vez habían pensado que tenían poco en común sonreían y se abrazaban. La atmósfera espiritual perduró y tuvo un efecto relajante durante varias semanas. Muchos dijeron que esa ceremonia de oración salvó a Memphis de un estallido de violencia.

La paz y la esperanza florecen cuando nos abrimos a los demás. Al sumar fuerzas florecemos en formas que son impensables si estamos solos. Durante mi estadía en el ashram con Bapuji, él insistía en que debíamos ver más allá de nuestros parientes inmediatos y aceptar a toda la humanidad como nuestra familia. Así como uno estaría dispuesto a hacer sacrificios personales para ayudar a un hermano o hermana en aprietos, también debía estarlo a experimentar el dolor de sus vecinos, e incluso de desconocidos, y a hacer sacrificios similares para ayudarles. Al principio me molestó que él no hiciera concesiones conmigo; era su nieto, ¿acaso eso no me volvía especial y me distinguía sobre los demás? Sólo después comprendí el importante mensaje que él transmitía: muchos nos dedicamos a proteger nuestra pequeña parte del mundo; olvidamos que todos estamos interrelacionados y que no podemos florecer solos.

Te das a ti y das al mundo un gran regalo cuando adoptas una visión más amplia y buscas semejanzas en lugar de diferencias. Únicamente podemos sobrevivir si el resto del mundo lo hace. Los ricos son cada vez más ricos y los pobres cada vez más pobres; si estás en el primer grupo, juzgarás que eso es bueno. Pero mientras mantengamos esa marcada división estimularemos la incesante aparición de conflictos. Además, también nos lastimamos a nosotros mismos (y al mundo) de otras formas. Considera, por ejemplo, el hecho de que como los más pobres en Asia, África y América Latina no disponen de combustible para su cocina, calefacción y lavado, derriban bosques enteros para conseguir leña, por lo que todos sufrimos del daño al medio ambiente. Todos estamos interrelacionados. Cuando veinte por ciento de la población mundial usa ochenta por ciento de los recursos del planeta para sostener su nivel de riqueza mientras ochenta por ciento de la población tiene limitados recursos para sobrevivir, puede decirse que es una receta para el desastre.

Los estadunidenses cometen un riesgoso error al creer que protegen sus intereses si se aíslan de los demás. Esperan que su ejército se imponga en todo conflicto, de modo que gastan casi sesenta por ciento de su presupuesto federal en él y en armas de destrucción masiva. Fabrican más armas de las que pueden usar y venden el resto a todo el mundo. Estados Unidos ha demostrado ya que es una superpotencia militar; ahora debería mostrarle al mundo que puede ser una potencia moral. Esto significa estar dispuesto a hacer cosas buenas para el mundo, no para sí mismo.

Cuando ocurrieron los horrores del 11 de septiembre, ese país respondió con el bombardeo a Irak, lo que extendió aún más la violencia en Medio Oriente. Una vez que los estadunidenses aceptaron que no había relación alguna entre Irak y

11 de septiembre, se justificaron mediante una guerra contra los "terroristas" que lleva ya muchos años, sin un final a la vista. En lugar de apaciguarse, el mundo parece ser cada vez más peligroso, con ataques terroristas en París y Bruselas y en todo Medio Oriente.

La gente me pregunta a menudo: ¿qué haría Gandhi contra el terrorismo? Pienso que mi abuelo exhortaría a una política exterior basada en la compasión, no en la codicia. Explicaría que las relaciones de un país como Estados Unidos con el resto del mundo se deben fundar en el respeto mutuo, la comprensión y la aceptación. Inmediatamente después del 11 de septiembre, habría pedido a los estadunidenses comprender la fuente de odio y frustración que provocó que esas personas los atacaran en la más devastadora de las formas. "¡Alto!", podrían decir algunos estadunidenses, "nosotros no hicimos nada malo, fuimos los agredidos." Eso es absolutamente cierto. Sin embargo, si están gestando odio en el mundo, debemos detenerlo. Mi abuelo les habría tendido la mano a las naciones y personas molestas con Estados Unidos, con objeto de mejorar las relaciones entre las partes. "No puedes crear paz de la no paz", dijo una vez. "Es como querer sacar uvas de espinas o higos de cardos." La humildad cura heridas; la arrogancia las agrava.

Pienso que mi abuelo miraría consternado a muchos de los líderes mundiales actuales que parecen más interesados en enriquecerse que en mejorar la vida de su pueblo. Creía firmemente que las personas en el poder deben usar su puesto para el bien de sus compatriotas. No obstante, sabía que eso no siempre sucede. "El poder se deriva del servicio sincero.

El verdadero logro implica a menudo degradar a quien ostenta el poder", decía. Hoy muchos individuos en el gobierno sólo piensan en ganar elecciones y promover su carrera y están dispuestos a permitir que el odio y el fanatismo se salgan con la suya; no parece importarles que socaven al gobierno y la democracia a la que deberían servir.

¿Cómo podemos enfrentar entonces los errores, injusticias y ultrajes que vemos todos los días? Primero, debemos *verlos* de verdad. Pienso en aquel día de 1895 en Sudáfrica cuando un hombre blanco decidió que no quería compartir un gabinete con una persona de piel morena y consiguió que la policía bajara a mi abuelo del tren. Ésa fue la primera experiencia de Bapuji con la discriminación expresa y lo sobrecogió. Pero cuando les contó a otros indios lo que había ocurrido, muchos se limitaron a alzar los hombros; si los blancos no lo querían en primera clase, ¿por qué sencillamente no se pasaba a otro vagón? "Porque es injusto", decía repetidamente Bapuji. "No podemos aceptar la injusticia con los brazos cruzados."

No obstante, esas apáticas reacciones lo hicieron darse cuenta de que "nadie nos oprime más que nosotros mismos". Dejamos de ver las injusticias que nos infligen a nosotros y a los demás. Ocupados con nuestra vida diaria y con el deseo de sobrevivir como sea posible, dejamos de prestar atención. La conducta indigna comienza a parecernos normal.

Bapuji nos diría —¡justo ahora!— que debemos abrir los ojos a las desigualdades e inequidades del mundo. Nada nos obliga a aceptar el fanatismo y la injusticia; debemos combatirlos en todos los niveles. Sin embargo, cuando alentaba a la gente a actuar, reconocía que es inútil combatir el odio con el odio o la ira con la ira; proceder así no hace más que multiplicar los problemas que queremos eliminar. Creía que el cambio sólo puede provenir de métodos positivos: el amor, la comprensión, la abnegación y el respeto.

El trabajo de mi abuelo a favor del cambio comenzaba con una invitación al diálogo. Si eso fallaba, realizaba una protesta pública masiva para ganarse la simpatía de la gente en todas las aristas del problema.

Aunque el tipo de protestas no violentas que Bapuji alentaba podría dar resultado hoy, debemos pensar en nuestras metas últimas y lo que queremos obtener. Por ejemplo, las fulminantes agresiones policiales contra jóvenes afroestadunidenses son atroces y deben ser condenadas. Aun así, las protestas que han seguido a cada uno de esos episodios se han centrado de manera casi exclusiva en la necesidad de castigar a los culpables. Bapuji exhortaría a adoptar una visión de más largo plazo. Pese a que, en efecto, debe castigarse a los culpables, el principal propósito de la comunidad debería ser eliminar de fondo los temores y prejuicios que desembocaron en esos ataques. De lo contrario, dichos temores y prejuicios permanecerán intactos (por más que se les contenga) hasta que hagan erupción de nuevo.

Quizás un método mejor sería comprender el sesgo implícito y ver que hasta las personas con mejores intenciones entre nosotros pueden resbalar. En nuestro M. K. Gandhi Institute for Nonviolence, un taller de diversidad dio un giro poco común. El coordinador hizo máscaras con fotografías de personas de todas las razas; en el taller, cada uno de los participantes recibimos una máscara que debíamos ponernos para mirarnos en el pequeño espejo. Resultó muy inquietante verse a través de los ojos de la máscara y hallar a un desconocido. Tuvimos dos minutos para describir a la persona en la que nos habíamos transformado.

Todos los participantes éramos individuos razonables de clase media alta y representábamos a muchas razas diferentes. Aunque estábamos seguros de que no teníamos prejuicios, resultó que no era así; estereotipos latentes emergieron en las descripciones que hicimos. Ante un rostro desconocido, retrocedimos a expectativas basadas en la raza, el género o la edad.

Mis antecedentes en Sudáfrica, donde sufrí discriminación de la peor especie, me han hecho comprender los peligros de las ideas preconcebidas y mis años con Bapuji me convencieron de la necesidad de combatir la discriminación en todo nivel. Ese día en el taller, sin embargo, me di cuenta de que podía ser tan culpable como cualquiera de calificar a la gente por su apariencia.

La meta de Bapuji fue transformar la sociedad y hacernos ver nuestras semejanzas más que nuestras diferencias. Muchos grupos adoptan ahora vías distintas y usan la turbación como un fin en sí misma. Están dispuestos a paralizar comunidades con tal de que la sociedad se dé cuenta de que existen y merecen respeto y reconocimiento; no quieren comprensión ni aceptación sino vivir a su modo. Yo siento una profunda compasión por sus penas y sé lo difíciles que pueden ser esas batallas, pero ninguna sociedad ha sobrevivido bajo una política de "divide y vencerás". Un país o comunidad dividido terminará por separarse y eso es ahora más cierto que nunca.

Muchos líderes quisieran cerrar puertas y pretender que el mundo más allá de sus fronteras no existe o no importa. No obstante, el mundo está en contracción y las sociedades son cada vez más, no menos, multirraciales y multirreligiosas. Bapuji vio ese cambio y entendió que no debemos pugnar por vivir únicamente con quienes compartimos origen étnico y racial, y sumarnos a la corriente dominante sólo para hacer negocios o ejercer nuestra actividad comercial. Más bien, debemos vivir y trabajar con una visión compartida de lo que es bueno para todos.

Estados Unidos ha caído en una espiral de política de identidad en la que la gente vive en comunidades apartadas y se atraen votos para estimular esas diferencias. Muchas personas votan no por lo que es bueno para el país sino para su grupo. (Irónicamente, el sujeto o partido que ellas creen que apoyará sus intereses suele no hacerlo.) La verdadera igualdad se presenta cuando salimos de nuestro pequeño grupo y consideramos el bien general. La democracia genuina garantiza no sólo que todos somos iguales, sino también que somos aceptados y respetados.

Bapuji señaló que los políticos "a menudo envuelven la Verdad en un velo de misterio y dan preferencia a lo temporal e insustancial sobre lo permanente e importante". ¡Ojalá este recordatorio pudiera grabarse en cada casilla de votación! Las campañas políticas se restringen a problemas personales o falsas promesas y una visión del mundo amplia y lo que de verdad importa se dejan de lado. La gente sufre y los países se separan a causa de esta limitada perspectiva.

Los políticos envuelven a menudo la Verdad en un velo de misterio y dan preferencia a lo temporal e insustancial sobre lo permanente e importante.

Por ejemplo, en Berlín se han erigido grandiosos monumentos en memoria del Holocausto y los judíos que murieron a causa de un odio sin sentido. En carteles cercanos a la plaza central se muestra que la ciudad fue devastada a fines de la Segunda Guerra Mundial, cuando alemanes de todas las religiones terminaron hacinados y sin techo y comida. Muchas personas inocentes de diversos orígenes y propósitos murieron o sufrieron las consecuencias de esa explosión de odio. Tales monumentos deberían ser un aprendizaje del pasado.

Pero ¿es cierto que hemos cambiado? ¿Hemos aprendido la lección de las devastaciones pasadas? Hoy un odio, de corte nazi, contra la diversidad sigue vigente en países del mundo entero y es uno de los problemas más peligrosos de nuestro tiempo. Vemos sus perniciosos efectos todos los días, en el acoso en las escuelas, el hostigamiento en las calles, las matanzas masivas y la migración global. Aun después de la Segunda Guerra el odio ha impulsado a genocidas en Camboya, Ruanda y Bosnia y justo ahora somos testigos de la destrucción de Siria. A pesar de que esos horrores parecen muy lejanos, muchas personas que lo han perdido todo son como tú y como yo: quieren hacer un trabajo valioso, dar de comer a su familia, educar a sus hijos sin peligros, apoyar a sus comunidades y vivir en paz. En cambio, viven en campos de refugiados y se preguntan por qué nadie parece preocuparse por ellas o no desea ayudarlas.

Una vez que reconocemos lo que tenemos en común, más que lo que nos separa, nos acercamos al mundo y a los otros con una perspectiva distinta. Tú podrías pensar que un conflicto o una tragedia reciente no te afectan, pero esa supuesta inmunidad de hoy podría ser el riesgo de mañana. Tan pronto como procedemos a dividir a la gente —según su raza, religión, nacionalidad, género, preferencia sexual, opinión política, tipo de cuerpo, edad, nivel socioeconómico, capacidad o discapacidad, idioma, acento, tipo de personalidad y equipos deportivos favoritos—, las posibles distinciones no tienen fin. En última instancia, ¡todos somos distintos a alguien!

El odio y la discriminación que ocurren lejos de nosotros pueden generar confusión. Yo he hablado con muchos estadunidenses que admiten que la distinción entre hutus y tutsis en Ruanda, chiítas y sunitas en Medio Oriente e incluso musulmanes e hindús en la India es un tanto misteriosa. Para un estadunidense de origen judeocristiano, esos grupos tienen más semejanzas que diferencias. No obstante, cada cual ha intentado destruir al otro.

No menciono esto para burlarme del desconocimiento estadunidense de las religiones del mundo sino para señalar lo apropiada que es esa confusión. Con frecuencia discriminamos a las personas a las que más nos parecemos. La lealtad que profesamos a nuestro grupo —y el desdén que sentimos por quienes no pertenecen a él— no tiene por lo general ningún sentido. Los psicólogos han descubierto que cuando se asigna aleatoriamente a una persona a un grupo particular, ésta lo prefiere de inmediato e insiste en que es mejor que los otros grupos. Esto es cierto por poco importante que sea la distinción realizada. Si a algún grupo se le da camisetas rojas y al otro camisetas azules, se formarán alianzas. Los experimentos han demostrado que quienes usan las camisetas rojas serán más amables y comprensivos con sus iguales que con los que visten de azul (y viceversa, desde luego). Tenemos más probabilidades de ayudar y cooperar con las personas a las que consideramos como "nosotros" que con las que concebimos como "ellos".

Los psicólogos examinan ahora las fuentes de este "sesgo grupal". Algunos piensan que estamos intrínsecamente programados para preferir al grupo al que pertenecemos. Pero también enseñamos a nuestros hijos ciertas normas y expectativas culturales, y sin duda un sistema educativo que promueva la inclusividad por encima de la división podría hacer una diferencia. La igualdad e inclusividad que aprendí de Bapuji ha sido una parte relevante en mi vida durante todas estas décadas y lo seguirá haciendo en el futuro. Podemos enseñar esas lecciones a nuestros hijos sin importar las influencias externas que los atraen hacia una dirección distinta.

Muchos de los problemas que nos dividen y destruyen no pueden resolverse con leyes sino sólo con una disposición a abrir nuestra mente y nuestro corazón para comprender y respetar a los demás. Si estuviera aún entre nosotros, mi abuelo habría sonreído de oreja a oreja en 1964 cuando el presidente Lyndon Johnson firmó la ley de derechos civiles, la cual reconoció la igualdad de derechos de todas las personas independientemente de su raza, religión, sexo u origen nacional. Le habría complacido también la legislación complementaria hecha cuatro años más tarde, que ofreció vivienda digna para todos. Sin embargo, habría sido lo bastante prudente para saber que ése era apenas el principio; no le habría sorprendido que ahora, más de cincuenta años después, persista aún la desigualdad.

Las personas deben creer que el cambio es posible. Cinco años después de promulgada la ley de derechos civiles de 1968, el Departamento de Justicia de Estados Unidos emprendió acción legal contra una compañía inmobiliaria de Nueva York que discriminaba a posibles inquilinos y se negaba a ofrecer propiedades en renta a afroestadunidenses. El presidente de esa compañía era Donald Trump. La ley no impidió que él discriminara a algunas personas y años más tarde eso no pareció importar a muchos votantes, ya que él es ahora el presidente de Estados Unidos.

La ley de derechos civiles movió a ese país medio camino adelante, pero hasta ahí. La otra mitad del camino debe recorrerse a través del examen de conciencia, la ilustración y la educación. Lo mismo puede decirse de las leyes que reconocen los derechos de las mujeres, los gays y las lesbianas. Aunque modificar las leyes a fin de proteger a la gente es vital, el verdadero cambio ocurre cuando las personas ven el daño que causa la discriminación, admiten los errores que han cometido en el pasado y aceptan a los demás en lugar de rechazarlos.

Bapuji solía decir que una sociedad no puede ser medida mediante un patrón material sino por la profundidad de su amor y respeto por todos. Solía citar la palabra sánscrita *sarvodaya*, que significa "el bienestar de todos". Creía que *todos* tenemos derecho al decoro, la felicidad y la libertad por encima de la necesidad. A todos nos motiva el interés propio, al menos parcialmente, y él comprendía eso. Sin embargo, si en lugar de pensar exclusivamente en nosotros viéramos más allá de nuestras necesidades y deseos, nos sentiríamos mejor y más valiosos. Él empleaba la palabra *swaraj* para describir la libertad que todas las personas merecen y que debemos alcanzar por medio de la ayuda mutua. Entendía este concepto como algo más que libertad política; anhelaba la "*swaraj* para los millones que padecen hambre física y espiritual".

Tenía una prueba muy simple para saber si una acción era correcta o no: decía que siempre que dudaras debías "recordar el rostro de la persona más pobre y más débil que has visto y preguntarte si la acción que contemplas sería de utilidad para ella". ¿Esto ayudaría a esa persona a obtener el control de su vida, dignidad o *swaraj*? De ser así, decía, "descubrirás que tanto tus dudas como tú mismo se desvanecen".

Sin importar lo que pase en la política o el mundo, cada uno de nosotros puede ejercer una influencia de todas formas. Cada vez que yo voy a la India me impresiona la inmensa pobreza e igualmente la determinación de muchos individuos dispuestos a cambiar vidas y ayudar a los más necesitados.

Hace muchos años conocí a Ela Bhatt, quien concertaba micropréstamos para mujeres a fin de que pudieran realizar pequeños negocios, como la venta de frutas y verduras frescas. Al paso de los años, ese programa integraba a más de nueve millones de mujeres de todas partes de la India. Tiempo después, algunas de ellas le dijeron a la señora Bhatt que no les agradaba depender de los bancos comerciales para sus micropréstamos y le sugirieron formar una cooperativa propia. Ella les explicó amablemente lo difícil que sería eso; la mayoría eran iletradas y ni siquiera sabían estampar su firma en un documento. "¡Queremos aprender!", le dijeron.

Así, con algunas mujeres que se habían reunido en la sala de su casa ella inició una clase improvisada que duró toda la noche. A la mañana siguiente, recabó los formularios indispensables y observó con orgullo mientras cada una de ellas firmaba los documentos de constitución de la sociedad. Ésta tomó el nombre de Asociación de Mujeres Autoempleadas y pronto dio origen al Banco Cooperativo AMA, hoy una institución floreciente que ayuda a mujeres pobres a ser independientes.

Cuando ese banco emprendió sus actividades, en 1974, tenía como socias a cuatro mil mujeres, y cada una pagó el equivalente a menos de un dólar por acción. Ahora hay cerca de diez mil socias activas. Además de ofrecer ahorros y crédito, el banco brinda servicios de apoyo, como atención a la salud y asistencia jurídica.

Indira y Pushpika Freitas, dos hermanas que viven en Chicago, impulsaron por su parte un programa de diseño de telas y moda que enviaban a Mumbai, por medio del cual se enseñaba a mujeres de los barrios a teñir, estampar y coser. Hacían hermosas prendas que luego se vendían por catálogo y ochenta por ciento de las ganancias regresaba a ellas. Este programa también se ha expandido enormemente y ahora cuenta con programas de guardería infantil y salud femenina, lo que ha permitido a gran número de mujeres a salir de la pobreza extrema. Conozco a la familia Freitas desde hace mucho tiempo y los padres también son piadosos y socialmente conscientes. Aun en un mundo difícil podemos enseñar a nuestros hijos lo realmente importante y verlos crecer con orgullo al tiempo que hacen una diferencia.

Hacer contacto personal con individuos diferentes a nosotros es crucial para superar los prejuicios y reconocer nuestras semejanzas con ellos. Yo admiro a organizaciones como el Institute for International Education (IIE). Entre sus muchos programas, esta institución supervisa becas para alumnos del mundo entero a fin de que estudien en países diferentes al suyo. Algunos de sus programas, como el de las becas Fullbright, implican estudios avanzados, otros alientan a universitarios a formarse en el extranjero y obtener una visión más amplia. Allan Goodman, el distinguido profesor que dirige el IIE, percibe las grandes implicaciones de la educación. En medio de la crisis siria ayudó a cientos de miles estudiantes desplazados de ese país a continuar sus estudios. "Si no llegamos a ellos, el Estado Islámico lo hará", advirtió.

El doctor Goodman comprende profundamente el estrecho vínculo entre la no violencia y la educación. La gente que intenta cambiar el mundo con las armas y el odio acabará por destruirlo; quienes buscan el cambio a través de la educación y la comprensión nos dan esperanzas.

Asimismo, él ha iniciado algunos programas en el IIE para alentar a universitarios a cursar un semestre en el extranjero, y otras organizaciones ofrecen programas para que estudiantes de preparatoria experimenten la vida en otro país; a menudo viven con una familia y asisten a una escuela local.

Quienes tienen estas experiencias internacionales las describen, décadas más tarde, como un hecho que cambió su vida. Vivieron con una familia con costumbres, tradiciones y perspectivas diferentes a las suyas; al cenar juntos cada noche y celebrar festividades se sintieron parte de un mundo más grande del que conocían. Años después, cuando esos jóvenes oigan a los políticos protestar por los peligros representados por los inmigrantes o los extranjeros, tendrán una visión diferente, más amplia y mucho mejor informada. En vez de temer a "esa gente", recordarán con cariño al papá de la familia de intercambio que les hacía de cenar o a la hermana que caminaba con ellos bajo las estrellas.

Una mujer que vive en Manhattan me contó una experiencia que tuvo años después del 11 de septiembre, cuando la ciudad se recuperaba todavía de los ataques terroristas. Uno de los placeres de esa urbe son los vendedores ambulantes, incluso en los vecindarios más elegantes, quienes dan una sensación de ciudad pequeña a una megalópolis. Ella trabajaba en un lujoso rascacielos en Midtown y cada mañana se detenía a comprar un plátano con el vendedor de fruta al otro lado de la calle. Tras varios meses, terminó por admirar lo mucho que él trabajaba, ya que se levantaba antes de que amaneciera para comprar su fruta fresca en el mercado y permanecía en su puesto callejero hasta bien entrada la noche aun en los días más fríos y los más calurosos. "Tengo dos hijos y quiero que tengan una oportunidad en la vida", le dijo él a manera de explicación de que trabajara tanto. Conversaban tan a menudo que al final ella contaba con el optimismo del vendedor para iniciar su día. Una mañana, él le dijo que su trabajo había rendido dividendos y que se ausentaría varios meses para volver a casa y llevar dinero a su familia.

—¿De dónde es usted? —preguntó ella.

—De Afganistán —respondió él.

Ella dio un salto atrás, como si se hubiera quemado, y lo miró conmocionada. Pese a que él tenía un acento muy marcado y piel morena, su bondad y buena disposición habían hecho que ella no lo concibiera nunca como el enemigo y de repente se dio cuenta de que no lo era. Miró su sonrisa, sintió su ansia de ver de nuevo a su esposa y a sus hijos y comprendió que era un hombre como cualquier otro, que por casualidad vivía en un país peligroso. Impulsivamente, le dio un abrazo. "Dígale a su familia que le deseamos salud y felicidad", le pidió.

Bapuji solía decir: "Un gramo de práctica vale más que toneladas de enseñanza". Podemos *hablar* de la comprensión mutua y de poner fin al fanatismo, pero eso no representará gran cosa si no hacemos algo para *hacerlo* realidad. Esto podría implicar estudiar en otro país o reconocer la humanidad en una persona que no se parece a ti (y darle un abrazo). La mayoría de nosotros deseamos que se nos dé la oportunidad de una vida mejor para nosotros y nuestra familia y la de estar en igualdad de condiciones con el mundo entero. Actuar es la mejor manera de cambiar tu corazón e influir en el de otros. Como dijo Bapuji: "La práctica es el mejor discurso y la mejor propaganda".

Cuando él hablaba de no violencia se refería a algo mucho más que deponer las armas. Pensaba en cómo resolver los grandes problemas de un país e inspirar respeto para todos.

Como aprendí yo en el ashram cuando busqué un lapicito en la oscuridad, la verdadera no violencia tiene un significado muy amplio. Requiere que comprendamos las negativas repercusiones del desperdicio y el materialismo, y los valores positivos de tratar a todos con dignidad. Prestar atención a una única pieza de esa filosofía —la ausencia de agresión física— puede reducir la idea de la no violencia. Quienes participaron en la intifada en Palestina se consideran no violentos porque, aunque atacaban a los israelíes con piedras, no usaban armas de fuego. Un grupo llamado Ruckus Society, de Berkeley, California, dice ser no violento porque no perjudica a la gente, pese a lo cual no duda en destruir objetos y destrozar escaparates. Aunque este tipo de conducta atrae publicidad, no suscita simpatía ni comprensión. No puedes alcanzar una transformación individual o social con bats de beisbol.

Nuestro mundo tiene una larga historia de violencia, guerras y ataques de un grupo contra otro. Millones de vidas se han perdido por culpa de la violencia y millones más han sufrido a causa de las bajezas derivadas del fanatismo y el odio. Así, a muchas personas a lo largo de la historia se les ha negado la vida buena y pacífica que querían. Podemos pensar en sucesos como el *apartheid* en Sudáfrica y saber lo equivocados y destructivos que fueron, a pesar de que encontramos pretextos para tener una conducta cotidiana igualmente fanática.

Cuando la indisposición de la gente a ver la destructividad de sus actos me exaspera, respiro hondo y recuerdo la serena sonrisa de Bapuji. Él sabía que el cambio no ocurre rápido. La lucha por la libertad, la igualdad y la paz es larga y agotadora.

Para él, trabajar por un ideal significó ser encarcelado muchas veces y ver a su esposa y a su mejor amigo morir en prisión.

Aun así, pienso que mi abuelo nos diría ahora que su lucha valió la pena y que la nuestra también lo hará. Un método no violento para el cambio supone tiempo y paciencia. Bapuji es un recordatorio para todos de que la igualdad y la dignidad siempre serán algo por lo que vale la pena luchar sin violencia.

Epílogo

La dicha más grande

Felices recuerdos de mi abuelo acudieron a mi mente en 2015, el día en que una estatua suya, de bronce, de casi tres metros de alto, fue develada en la Plaza del Parlamento en Londres. Todos los grandes líderes representados en esa famosa plaza hicieron magnas contribuciones a la política y los intereses británicos en el mundo.

Si Bapuji hubiera estado ahí, habría hecho una broma en el sentido de que su estatua es mucho más corpulenta que él y no habría pasado por alto la ironía de que su efigie esté tan cerca de la de Winston Churchill, quien se opuso a la independencia de la India y lo miró con desdén. No obstante, le habría enorgullecido que, entre las estatuas de líderes blancos en la Plaza del Parlamento, la suya y la de Nelson Mandela sirvan como símbolo de lo mucho que ha avanzado Gran Bretaña desde los días de Churchill.

Cuando develó esa estatua, el primer ministro David Cameron describió a mi abuelo como "una de las figuras más eminentes" en la historia política. Sin duda destacó en ideas, virtud y liderazgo, pero comprendía que en el fondo todos somos iguales. Así, dicha estatua está más cerca del suelo que todas las demás, porque mi abuelo insistió siempre en que era un hombre común.

Bapuji jamás se vio como una persona perfecta y menos aún santa. Conocía sus debilidades y trataba de mejorar sin cesar. Sabía que todas las personas a las que veneramos hoy —sean iconos religiosos o líderes políticos— fueron en un principio individuos comunes con sentimientos comunes. Ninguna de ellas nació santa; todas se esforzaron para superar sus orígenes.

Así pues, me da mucha tristeza cuando oigo que la reputación de Bapuji se distorsiona y sus palabras se malinterpretan en algunas partes del mundo. En la Universidad de Ghana, una protesta estudiantil provocó el retiro de una estatua de mi abuelo recién instalada. Bapuji no vivió y murió para que se le honrara con estatuas, de modo que eso no le habría importado en absoluto. Sin embargo, habría querido hablar con los estudiantes que afirmaron que era racista e indigno de que se le honrara. Señalaron como prueba que cuando era joven usó la palabra *kaffir*, hoy considerada despectiva, para describir a los negros sudafricanos. Pienso que él les habría dicho que eso es cierto: usó ese término porque ignoraba sus connotaciones negativas y siguió en consecuencia las normas prevalecientes. Tan pronto como comprendió que esa palabra se consideraba ofensiva, dejó de emplearla.

Podría haberles recordado, asimismo, que no nacemos perfectos, sólo podemos aprender y tratar de ser mejores. Ellos se quejaron de que él luchó con más empeño por los derechos de los indios en Sudáfrica que por los de los negros nativos y dijeron preferir monumentos para grandes personas de su mismo origen. En respuesta, mi abuelo podría haber dicho: "Mi patriotismo no es excluyente... Es en cada caso, sin excepción, congruente con el mayor bien de la humanidad en general". Muchos de los grandes líderes africanos comprenden que la filosofía de Bapuji incluía a todos. Algunos de ellos, como Desmond Tutu y Nelson Mandela, lo han citado como gran inspiración y modelo a seguir en sus campañas por la libertad. Y entre los afroestadunidenses, Martin Luther King lo elogió y siguió su ejemplo de no violencia.

Debido a la controversia en esa universidad, los funcionarios de Ghana decidieron reubicar la estatua para garantizar su seguridad. La consideraron un símbolo de la amistad de su país con la India y pidieron a la gente reconocer el papel de mi abuelo "como una de las personalidades más sobresalientes del último siglo".

Otras figuras relevantes de la historia también han sido objeto de reinterpretaciones de su vida y obras, y no sorprende que hallemos defectos en un héroe admirado. Cometemos un error al tratar de volver santa a la gente: todos somos producto de nuestro tiempo, de la política y las expectativas del momento. Hombres sabios como Bapuji intentan adoptar una perspectiva más amplia y ver sus acciones en el flujo del pasado, el presente y el futuro.

Cuando se examinan los grandes momentos de la historia es fácil sentirse insignificante y preguntarse qué influencia puede tener una persona. A todo lo largo de este libro he narrado historias de individuos cuya labor tuvo un impacto enorme en comunidades grandes y pequeñas porque creo que cada uno de nosotros puede hacer una diferencia en la vida de quienes nos rodean; basta con que lo intentemos. Nadie que hubiera conocido a mi abuelo de joven habría predicho que influiría en tantas personas y sería venerado como el gran Mahatma Gandhi. Era delgado y de baja estatura, no fue un líder obviamente imponente o carismático; aun en su estatua de la Plaza del Parlamento viste su humilde atuendo indio. Sea en la vida real o en piedra, Bapuji es un recordatorio de que es el poder de tus creencias y tu disposición a seguirlas lo que de verdad importa.

Durante mi estancia en el ashram, él siempre habló de buena gana conmigo sobre sus fragilidades y debilidades, y me contó gustosamente sus primeras desventuras. Una de las mayores ambiciones de su vida fue eliminar las diferencias entre las personas y reconocer nuestra interdependencia. Cuando, durante la Guerra de los Bóers, encabezó el cuerpo indio de emergencias, arriesgó su vida para llevar a heridos graves a los hospitales de campaña, entre ellos a zulús masacrados por los británicos. Si no hubiera sido por él y los indios que se ofrecieron a trabajar a su lado, la cuota fatal de los zulús habría sido mucho mayor.

Las escrituras de casi todas las religiones abogan por la compasión, el amor y el respeto mutuo. Quienes no creen en ninguna religión también entienden esos conceptos como fundamentales para cualquier interacción humana. No obstante, a menudo olvidamos esos principios y sólo creemos en lo que nos conviene. La verdadera grandeza consiste en ver la humanidad que compartimos y en tratar de elevar a los demás en lugar de derribarlos.

Todos queremos tener felicidad en nuestra vida y, en ocasiones, pensamos que la encontraremos en las cosas materiales, en obtener cada vez más a expensas de otros. Pero la felicidad proviene de una fuente más profunda. Proviene de luchar por la paz y la justicia para todos. Bapuji exhibió la profunda calma y satisfacción que todos soñamos con poseer; no ganó todas sus luchas ni pudo reformar por completo el mundo tal como lo imaginaba, a persar de lo cual mantuvo todos los días su firme compromiso de mejorar como persona y mejorar al mundo. "La satisfacción está en la lucha, el esfuerzo, el sufrimiento implicado", dijo, "no en la victoria".

La satisfacción está en la lucha, el esfuerzo,
el sufrimiento implicado, no en la victoria.

Todos podemos continuar la lucha de Bapuji por la paz y la justicia y mantenernos firmes en el poder de la no violencia. Creo, de verdad, que si seguimos el ejemplo de mi abuelo, cada uno de nosotros podemos hallar la dicha más grande que nos está permitida en la Tierra.

Agradecimientos

Es un hecho que necesité más que una ciudad para educarme, de modo que debo expresar mi gratitud a todos; en primer lugar a mis abuelos y mis padres por haberme enseñado el valor del amor, la compasión y la comprensión. A mis dos hermanas, Sita y Ela, quienes fueron excelentes compañeras y me pulieron. A mi difunta esposa, Sunanda, por haberme dado dos maravillosos hijos, Archana y Tushar, y la posibilidad de poner en práctica algunas de las lecciones aprendidas. A mis nietos: el doctor Paritosh Prasad, Anish Prasad, Vivan Gandhi y, por último, a mi primera y única princesa Kasturi, quien me concedió el orgullo de transmitirle venturosamente los principios de la no violencia.

Desde luego, sin mis agentes Albert Lee y Jennifer Gates no habría escrito estos agradecimientos; ellos me impulsaron a ver el potencial de este libro. El papel desempeñado por mi editor, Mitchell Ivers, merece mucho más que un simple gracias; nunca podré saldar mi deuda de gratitud con él. Gracias a Kevin O'Leary por ayudarme a sentar las bases en las que se realizó este volumen. Y a Janice Kaplan: no habría podido hacerlo sin ti; me ayudaste a encontrar mi voz en el papel y juntos sembramos semillas de paz en el mundo.

Un enorme gracias a todos en Aevitas Creative Management, mis agentes literarios, y en Jeter Publishing, división de Simon & Schuster, por la asistencia prestada para realizar este sueño.

Ésta fue una obra de amor y compasión, y espero que sus mensajes cambien la vida de los lectores tanto como lo hicieron con la mía.

OCÉANO exprés

Esta obra se imprimió y encuadernó
en el mes de septiembre de 2024,
en los talleres de Impregráfica Digital, S.A. de C.V.,
Av. Coyoacán 100–D, Col. Del Valle Norte,
C.P. 03103, Benito Juárez, Ciudad de México.